中国式现代化研究丛书
张东刚 刘 伟 总主编

GZC 高校主题出版
2022 GAOXIAO ZHUTI CHUBAN

新征程中的国家治理现代化

杨光斌 ◎ 著

中国人民大学出版社
· 北京 ·

中国式现代化：强国建设、民族复兴的必由之路

历史总是在时代浪潮的涌动中不断前行。只有与历史同步伐、与时代共命运，敢于承担历史责任、勇于承担历史使命，才能赢得光明的未来。2022年10月，习近平总书记在党的二十大报告中庄严宣示："从现在起，中国共产党的中心任务就是团结带领全国各族人民全面建成社会主义现代化强国、实现第二个百年奋斗目标，以中国式现代化全面推进中华民族伟大复兴。"2023年2月，习近平总书记在学习贯彻党的二十大精神研讨班开班式上发表重要讲话进一步强调："概括提出并深入阐述中国式现代化理论，是党的二十大的一个重大理论创新，是科学社会主义的最新重大成果。中国式现代化是我们党领导全国各族人民在长期探索和实践中历经千辛万苦、付出巨大代价取得的重大成果，我们必须倍加珍惜、始终坚持、不断拓展和深化。"习近平总书记围绕以中国式现代化推进中华民族伟大复兴发表的一系列重要讲话，深刻阐述了中国式现代化的一系列重大理论和实践问题，是对中国式现代化理论的极大丰富和发展，具有很强的政治性、理论性、针对性、指导性，对于我们正确理解中国式现代化，全面学习、全面把握、全面落实党的二十大精神，具有十分重要的意义。

现代化是人类社会发展到一定历史阶段的必然产物，是社会基本矛盾运动的必然结果，是人类文明发展进步的显著标志，也是世界各国人民的共同追求。实现现代化是鸦片战争以来中国人民孜孜以求的目标，也是中国社会发展的客观要求。从 1840 年到 1921 年的 80 余年间，无数仁人志士曾为此进行过艰苦卓绝的探索，甚至付出了血的代价，但均未成功。直到中国共产党成立后，中国的现代化才有了先进的领导力量，才找到了正确的前进方向。百余年来，中国共产党团结带领人民进行的一切奋斗都是围绕着实现中华民族伟大复兴这一主题展开的，中国式现代化是党团结带领全国人民实现中华民族伟大复兴的实践形态和基本路径。中国共产党百年奋斗的历史，与实现中华民族伟大复兴的奋斗史是内在统一的，内蕴着中国式现代化的历史逻辑、理论逻辑和实践逻辑。

一个时代有一个时代的主题，一代人有一代人的使命。马克思深刻指出："人们自己创造自己的历史，但是他们并不是随心所欲地创造，并不是在他们自己选定的条件下创造，而是在直接碰到的、既定的、从过去承继下来的条件下创造。"中国式现代化是中国共产党团结带领中国人民一代接着一代长期接续奋斗的结果。在新民主主义革命时期，党团结带领人民浴血奋战、百折不挠，经过北伐战争、土地革命战争、抗日战争、解放战争，推翻帝国主义、封建主义、官僚资本主义三座大山，建立了人民当家作主的新型政治制度，实现了民族独立、人民解放，提出了推进中国式现代化的一系列创造性设想，为实现现代化创造了根本社会条件。在社会主义革命和建设时期，党团结带领人民自力更生、发愤图强，进行社会主义革命，推进社会主义建设，确立社会主义基本制度，完成了中华民族有史以来最广泛而深刻的社会变革，提出并积极推进"四个现代化"的战略目标，建立起独立的比较完整的工业体系和国民经济体系，在实现什么样的现代化、怎样实现现代化的重大问题上作出了宝贵探索，积累了宝贵经验，为现代化建设奠定了根本政治前提和宝贵经验、理论准备、物质基础。在改革开放和社会主义建设新时期，党团结带领人民解放思想、锐意进取，实现了新中国成立以来党的历史上具有深远意义的伟大转折，确立党在社会主义初级阶段的基本路线，坚定不移推进改革开放，开创、坚持、捍卫、发展中国特色社会主义，在深刻总结我国社会主义现代化建设正反两方面经验基础上提出了“中国式现代化”的命题，提出了“建设富强、民主、文明的社会主义现代化国家”的目标，制定了到21世纪中叶分三步走、基本实现社会主义现代化的发展战略，让中国大踏步赶上时代，为中国式现代化提供了充满新的活力的体制保证和快速发展的物质条件。进入中国特色社会主义新时代，以习近平同志为核心的党中央团结带领人民自信自强、守正创新，成功推进和拓展了中国式现代化。我们党在认识上不断深化，创立了习近平新时代中国特色社会主义思想，实现了马克思主义中国化时代化新的飞跃，为中国式现代化提供了根本遵循。明确指出中国式现代化是人口规模巨大的现代化、是全体人民共同富裕的现代化、是物质文明和精神文明相协调的现代化、是人与自然和谐共生的现代化、是走和平发展道路的现代化，揭示了中国式现代化的中国特色和科学内涵。在实践基础上形成的中国式现代化，其本质要求是，坚持中国共产党领导，坚持中国特色社会主义，实现高质量发展，发展全过程人民民主，丰富人民精神世界，实现全体人民共同富裕，促进人与自然和谐共生，推动构建人类命运共同体，创造人类文明新形态。习近平总书记强调，在前进道路上，坚持和加强党的全面领导，坚持中国特色社会主义道路，坚持以人民为中心的发展思想，坚持深化改革开放，坚持发扬斗争精神，是全面建设社会主义现代化国家必须牢牢把握的重大原则。中国式现代化理论体系的初步构建，使中国式现代化理论与实践更加清晰、更加科学、更加可感可行。我们党在战略上不断完善，深入实施科教兴国战略、人才强国战略、乡村振兴战略等一系列重大战略，为中国式现代化提供坚实战略支撑。我们党在实践上不断丰富，推进一系列变革性实践、实现一系列突破性进展、取得一系列标志性成果，推动党和国家事业取得历史性成就、发生历史性变革，特别是消除了绝对贫困问题，全面建成小康社会，为中国式现代化提供了更为完善的制度保证、更为坚实的物质基础、更为主动的精神力量。

思想是行动的先导，理论是实践的指南。毛泽东同志深刻指出："自从中国人学会了马克思列宁主义以后，中国人在精神上就由被动转入主动。"中国共产党是为中国人民谋幸福、为中华民族谋复兴的使命型政党，也是由科学社会主义理论武装起来的学习型政党。中国共产党的百年奋斗史，也是马克思主义中国化时代化的历史。正如习近平总书记所指出的："中国共产党为什么能，中国特色社会主义为什么好，归根到底是马克思主义行，是中国化时代化的马克思主义行。"一百多年来，党团结带领人民在中国式现代化道路上推进中华民族伟大复兴，始终以马克思主义为指导，不断实现马克思主义基本原理同中国具体实际和中华优秀传统文化相结合，不断将马克思关于现代社会转型的伟大构想在中国具体化，不断彰显马克思主义现代性思想的时代精神和中华民族的文化性格。可以说，中国式现代化是科学社会主义先进本质与中华优秀传统文化的辩证统一，是根植于中国大地、反映中国人民意愿、适应中国和时代发展进步要求的现代化。中国式现代化理论是中国共产党团结带领人民在百年奋斗历程中的思想理论结晶，揭示了对时代发展规律的真理性认识，涵盖全面建设社会主义现代化强国的指导思想、目标任务、重大原则、领导力量、依靠力量、制度保障、发展道路、发展动力、发展战略、发展步骤、发展方式、发展路径、发展环境、发展机遇以及方法论原则等十分丰富的内容，其中习近平总书记关于中国式现代化的重要论述全面系统地回答了中国式现代化的指导思想、目标任务、基本特征、本质要求、重大原则、发展方向等一系列重大问题，是新时代推进中国式现代化的理论指导和行动指南。

大道之行，壮阔无垠。一百多年来，党团结带领人民百折不挠，砥砺前行，以中国式现代化全面推进中华民族伟大复兴，用几十年时间走过了西方发达国家几百年走过的现代化历程，在经济实力、国防实力、综合国力和国际竞争力等方面均取得巨大成就，国内生产总值稳居世界第二，中华民族伟大复兴展现出灿烂的前景。习近平总书记在庆祝中国共产党成立100周年大会上的讲话中指出："我们坚持和发展中国特色社会主义，推动物质文明、政治文明、精神文明、社会文明、生态文明协调发展，创造了中国式现代化新道路，创造了人类文明新形态。"我们党科学擘画了中国式现代化的蓝图，指明了中国式现代化的性质和方向。党团结带领人民开创和拓展中国式现代化的百年奋斗史，就是全面推进中华民族伟大复兴的历史，也是创造人类文明新形态的历史。伴随着中国人民迎来从站起来、富起来再到强起来的伟大飞跃，我们党推动社会主义物质文明、政治文明、精神文明、社会文明、生态文明协调发展，努力实现中华文明的现代重塑，为实现全体人民共同富裕奠定了坚实的物质基础。中国式现代化是马克思主义中国化时代化的实践场域，深深植根于不断实现创造性转化和创新性发展的中华优秀传统文化，蕴含着独特的世界观、价值观、历史观、文明观、民主观、生态观等，在文明交流互鉴中不断实现综合创新，代表着人类文明进步的发展方向。

从国家蒙辱到国家富强、从人民蒙难到人民安康、从文明蒙尘到文明复兴，体现了近代以来中华民族历经苦难、走向复兴的历史进程，反映了中国社会和人类社会、中华文明和人类文明发展的内在关联和实践逻辑。中国共产党在不同历史时期推进中国式现代化的实践史，激活了中华文明的内生动力，重塑了中华文明的历史主体性，以面向现代化、面向世界、面向未来的思路建设民族的、科学的、大众的社会主义文化，以开阔的世界眼光促进先进文化向文明的实践转化，勾勒了中国共产党百余年来持续塑造人类文明新形态的历史画卷。人类文明新形态是党团结带领人民独立自主地持续探索具有自身特色的革命、建设和改革发展道路的必然结果，是马克思主义现代性思想和世界历史理论同中国具体实际和中华优秀传统文化相结合的产物，是中国共产党百余年来持续推动中国现代化建设实践的结晶。习近平总书记指出："一个国家走向现代化，既要遵循现代化一般规律，更要符合本国实际，具有本国特色。中国式现代化既有各国现代化的共同特征，更有基于自己国情的鲜明特色。"世界上没有放之四海而皆准的现代化标准，我们党领导人民用几十年时间走完了西方发达国家几百年走过的工业化进程，在实践创造中进行文化创造，在世界文明之林中展现了彰显中华文化底蕴的一种文明新形态。这种文明新形态既不同于崇尚资本至上、见物不见人的资本主义文明形态，也不同于苏联东欧传统社会主义的文明模式，是中国共产党对人类文明发展作出的原创性贡献，体现了现代化的中国特色和世界历史发展的统一。

中国式现代化是一项开创性的系统工程，展现了顶层设计与实践探索、战略与策略、守正与创新、效率与公平、活力与秩序、自立自强与对外开放等一系列重大关系。深刻把握这一系列重大关系，要站在真理和道义的制高点上，回答"中华文明向何处去、人类文明向何处去"的重大问题，回答中国之问、世界之问、人民之问、时代之问，不断深化正确理解和大力推进中国式现代化的学理阐释，建构中国自主的知识体系，不断塑造发展新动能新优势，在理论与实践的良性互动中不断推进人类文明新形态和中国式现代化的实践创造。

胸怀千秋伟业，百年只是序章。习近平总书记强调："一个国家、一个民族要振兴，就必须在历史前进的逻辑中前进、在时代发展的潮流中发展。"道路决定命运，旗帜决定方向。今天，我们比历史上任何时期都更接近中华民族伟大复兴的目标，比历史上任何时期都更有信心、有能力实现这个宏伟目标。然而，我们必须清醒地看到，推进中国式现代化，是一项前无古人的开创性事业，必然会遇到各种可以预料和难以预料的风险挑战、艰难险阻甚至惊涛骇浪。因而，坚持运用中国化时代化马克思主义的思想方法和工作方法，坚持目标导向和问题导向相结合，理顺社会主义现代化发展的历史逻辑、理论逻辑、实践逻辑之间的内在关系，全方位、多角度解读中国式现代化从哪来、怎么走、何处去的问题，具有深远的理论价值和重大的现实意义。

作为中国共产党亲手创办的第一所新型正规大学，始终与党同呼吸、共命运，服务党和国家重大战略需要和决策是中国人民大学义不容辞的责任与义务。基于在人文社会科学领域"独树一帜"的学科优势，我们凝聚了一批高水平哲学社会科学研究团队，以习近平新时代中国特色社会主义思想为指导，以中国式现代化的理论与实践为研究对象，组织策划了这套"中国式现代化研究丛书"。"丛书"旨在通过客观深入的解剖，为构建完善中国式现代化体系添砖加瓦，推动更高起点、更高水平、更高层次的改革开放和现代化体系建设，服务于释放更大规模、更加持久、更为广泛的制度红利，激活经济、社会、政治等各个方面良性发展的内生动力，在高质量发展的基础上，促进全面建成社会主义现代化强国和中华民族伟大复兴目标的实现。“丛书”既从宏观上展现了中国式现代化的历史逻辑、理论逻辑和实践逻辑，也从微观上解析了中国社会发展各领域的现代化问题；既深入研究关系中国式现代化和民族复兴的重大问题，又积极探索关系人类前途命运的重大问题；既继承弘扬改革开放和现代化进程中的基本经验，又准确判断中国式现代化的未来发展趋势；既对具有中国特色的国家治理体系和治理能力现代化进行深入总结，又对中国式现代化的未来方向和实现路径提出可行建议。

展望前路，我们要牢牢把握新时代新征程的使命任务，坚持和加强党的全面领导，坚持中国特色社会主义道路，坚持以人民为中心的发展思想，坚持深化改革开放，坚持发扬斗争精神，自信自强、守正创新，踔厉奋发、勇毅前行，在走出一条建设中国特色、世界一流大学的新路上，秉持回答中国之问、彰显中国之理的学术使命，培养堪当民族复兴重任的时代新人，以伟大的历史主动精神为全面建成社会主义现代化强国、实现中华民族伟大复兴作出新的更大贡献！

前　言

国家治理现代化不是与传统断裂的二分法式的现代化，而是历史连续性意义上的继承了优秀传统文明的现代化。正如习近平总书记在庆祝中国共产党成立100周年大会上的讲话中所指出的，以史为鉴、开创未来，马克思主义基本原理不但要同中国具体实际相结合，还要同中华优秀传统文化相结合[①]。在这个意义上，国家治理现代化是对优秀政治传统的继承和发扬。有了这个认识，我们就应该知道，构成国家治理现代化的价值体系和制度体系，都不是与传统无关的“飞来峰”，国家因此才有治理能力。

我认为，国家治理现代化至少包括价值体系、制度体系和治理能力三大方面。就价值体系而言，社会主义核心价值观就是现代性政治价值的一种总结，其中不但有纯价值性的自由、平等、公正，还有制度性价值民主与法治。社会主义核心价值观体现了人类的共同价值，有别于西方倡导的所谓“普世价值”。“普世价值”就是一神教的排他性价值，讲的是“我对你错”，具有扩张性，因而才出现历史上不可胜数的文明冲突。共同价值

① 习近平．在庆祝中国共产党成立100周年大会上的讲话．北京：人民出版社，2021：12-13.

具有世俗性和包容性，讲的是文明互鉴，因而才有历史上的儒释道合流和中国化马克思主义。社会主义核心价值观的实现，离不开马克思主义与中华优秀传统文化的融合，诚信、友善具有浓厚的传统文化底蕴。

价值体系是行动的指南，也是规约制度体系建设的方向。反过来，如果没有制度体系的支撑，价值体系也就成了纸上谈兵。中国制度体系的枢纽是民主主义性质的、以法治为基础的民主集中制，它首先是党的组织原则，是国家政权的组织原则，也内化于政策制定过程。民主集中制原则最大化地保障了平等和公正价值目标。

那么，国家治理能力是怎么来的呢？很多国家都拥有现代性价值观和现代性制度体系，为什么屡屡出现“无效的民主”“无效的治理”呢？问题的关键是在制度体系和治理能力之间出现了空档。在中国，作为中介机制的民主集中制是制度优势转化为制度效能。

为了更好地比较国家治理能力，我们建构了国家治理能力的一般理论。国家权力原理告诉我们，国家权力由上游权力、中游权力和下游权力构成。在权力上游，国家治理能力表现为“体制吸纳力”（国家—社会关系）；在权力中游，国家治理能力表现为“制度整合力”（整合众多领域的权力关系）；在权力下游，国家治理能力表现为“政策执行力”。这一国家治理能力理论具有一般性、系统性、层次性和可比较性的特点，以此作为研究范式来比较国家治理研究，发现有些国家在某些环节或层次上强，而在另外一些环节或层次上相对较弱，没有一个国家在所有环节、所有层次上都绝对地强。因此，国家治理能力的一般理论有助于改善国家治理，以实现良政善治。

中国国家治理现代化是一个有规划、有阶段性目标的历史画卷。按照我们党的规划，2035 年基本实现社会主义现代化，2049 年全面建成社会主义现代化强国[①]。“中国之治”意味着中国以改变自己的方式改变了世界，促成了“百年未有之大变局”。2049 年的世界又会是什么面貌呢，值得期待。

① 习近平．高举中国特色社会主义伟大旗帜 为全面建设社会主义现代化国家而团结奋斗：在中国共产党第二十次全国代表大会上的报告．北京：人民出版社，2022：24.

目　录

第一章

国家治理现代化的价值体系

2014年习近平总书记指出："人类社会发展的历史表明，对一个民族、一个国家来说，最持久、最深层的力量是全社会共同认可的核心价值观。核心价值观，承载着一个民族、一个国家的精神追求，体现着一个社会评判是非曲直的价值标准。"①

党的十八届三中全会发布《中共中央关于全面深化改革若干重大问题的决定》，将全面深化改革的总目标设定为"完善和发展中国特色社会主义制度，推进国家治理体系和治理能力现代化"，要求"建设社会主义文化强国，增强国家文化软实力，必须坚持社会主义先进文化前进方向，坚持中国特色社会主义文化发展道路，培育和践行社会主义核心价值观，巩固马克思主义在意识形态领域的指导地位，巩固全党全国各族人民团结奋斗的共同思想基础"，"全面贯彻党的教育方针，坚持立德树人，加强社会主义核心价值体系教育，完善中华优秀传统文化教育"②。在省部级主要领导干部学习贯彻十八届三中全会精神全面深化改革专题研讨班开班式上，习近平总书记谈到国家治理和核心价值体系的关系："推进国家治理体系和治理能力现代化，要大力培育和弘扬社会主义核心价值体系和核心价值观，加快构建充分反映中国特色、民族特性、时代特征的价值体系。坚守我们的价值体系，坚守我们的核心价值观，必须发挥文化的作用。"③

党的十九大报告指出，"社会主义核心价值观是当代中国精神的集中

① 习近平．青年要自觉践行社会主义核心价值观．人民日报，2014-05-05.

② 中国共产党第十八届中央委员会第三次全体会议文件汇编．北京：人民出版社，2013：18，58，62.

③ 习近平．习近平谈治国理政：第1卷．2版．北京：外文出版社，2018：106.

体现，凝结着全体人民共同的价值追求”①，将坚持社会主义核心价值体系作为必须坚持的基本方略之一。党的十九届四中全会公报以“推进国家治理体系和治理能力现代化”为主题，指出我国国家制度和国家治理体系的显著优势就包括“坚持共同的理想信念、价值理念、道德观念，弘扬中华优秀传统文化、革命文化、社会主义先进文化，促进全体人民在思想上精神上紧紧团结在一起的显著优势”。全会公报还指出：“发展社会主义先进文化、广泛凝聚人民精神力量，是国家治理体系和治理能力现代化的深厚支撑。”“坚持以社会主义核心价值观引领文化建设制度”②。

国家治理体系和治理能力现代化需要价值引领，社会主义核心价值体系的理念追求也需要国家能力和制度建设有效落实。没有正确的价值引领，社会发展和国家建设就没有道义基础，没有明确的方向和持续性的内生动力，国家独有的政治权力就将丢失意识形态权力这一“国家能力之魂”，苏联“自上而下的革命”是前车之鉴；没有有效的价值引领，被大众民主、市场经济、意识形态竞争所进一步分割的现代社会就难以形成相对一致的社会共识，就会不断走向社会对立，导致社会不和谐，治理成本不断上升，国家内部各项制度建设也将因为缺乏公共规范而缺失体系化，国家治理体系建设将举步维艰，美国“否决型政体”警醒着世人。

① 习近平．决胜全面建成小康社会 夺取新时代中国特色社会主义伟大胜利：在中国共产党第十九次全国代表大会上的报告．北京：人民出版社，2017：42.

② 中国共产党第十九届中央委员会第四次全体会议公报．北京：人民出版社，2019：6，12.

第一节
自由、平等、公正

一、自由

自由是指人的意志自由、存在和发展的自由，是社会活力之源。人的自由全面发展是社会主义区别于其他社会形态的本质属性，是社会主义的终极价值和根本指向。中国所倡导的自由，不是少数人的、形式上的、虚伪的自由，而是绝大多数人的、实质上的、真实的自由；不是凌驾于社会利益之上的、绝对的个人自由，而是受到法律和规范制约、权利和义务对等的自由；不是超越发展阶段和现实承受能力的自由，而是与一定的经济社会发展条件相适应的自由。社会主义的自由，不只是追求物质生活的改善，更重要的是保证人民充分享有发展自我、实现自我的机会①。

社会主义本身就是在反抗资本主义制度诸多不自由现象的过程中产生的，社会主义社会的中心任务是为达到共产主义社会自由王国创造条件、奠定基础，应当在坚持社会主义方向的前提下理解自由，在改善社会物质

① 任仲平．凝聚当代中国的价值公约数：论培育和践行社会主义核心价值观．人民日报，2015-04-20.

条件、提升精神文明程度的同时维护公民在法律和道德界限内的“自由”的更广泛实现。

个体能否实现自由、实现何种程度的自由根本上取决于其所处社会的性质，社会主义社会比资本主义社会更能保证人民充分享有发展自我、实现自我的条件和自由，更能使每个人都能够获得自由全面的发展。一方面，促进人的全面发展，既需要保障人的合法权利，又需要给人们提供自由发展的资源和条件，需要制度建设、法治建设和公民素质建设。另一方面，自由有助于解放和发展生产力、解放和增强社会活力，只有让人们自由地享有发展的机会和权利，才能让创造社会财富的源泉充分涌流①。

马克思、恩格斯在《共产党宣言》中写道：“代替那存在着阶级和阶级对立的资产阶级旧社会的，将是这样一个联合体，在那里，每个人的自由发展是一切人的自由发展的条件。”② 这既是对资本主义社会少数人自由牺牲大众自由的批判，也是对未来大众享有充分真实自由的畅想。党的百年历史，某种程度上是党带领人民为中华民族、中国人民谋求真实广泛自由的历史。

毛泽东曾说：“自由是对必然的认识并根据对必然的认识成功地改造客观世界。”③ 共产党人对自由的理解强调真实性、实践性，而真实性的检验标准是人民的根本利益，实践性的自由主体是创造历史的人民，因此人民性也是自由价值的底色。

新民主主义革命时期，党带领人民推翻三座大山，为民族谋独立，为

---

① 郭建宁．社会主义核心价值观基本内容释义．北京：人民出版社，2014：74－84；季明．培育和践行社会主义核心价值观学习读本．北京：人民日报出版社，2014：107－110.

② 马克思，恩格斯．共产党宣言．北京：人民出版社，2018：51.

③ 中共中央文献研究室．毛泽东文集：第8卷．北京：人民出版社，1999：118.

人民谋解放，奠定了自由的政治条件；社会主义革命和建设时期，党带领人民实现三大改造，建立起比较完整的工业体系和国民经济体系，奠定了社会自由的经济制度基础。

毛泽东重视对大众基本自由权利的保护。抗战时期，陕甘宁边区“保证一切抗日人民（地主、资本家、农民、工人等）的人权，政权，财权及言论、出版、集会、结社、信仰、居住、迁徙之自由权”①。但他认为没有抽象的自由权利，要将自由置于特定国情、历史阶段中，坚持问题导向：“无政府主义否认权力，这种主义恐怕永世都做不到。温和方法的共产主义，如罗素所主张极端的自由，放任资本家，亦是永世做不到的。”“其所谓自由、平等、博爱乃当时资产阶级用以笼络欺骗小资产、半无产、无产阶级使为己用的一种策略”②。

可见，在阶级社会，自由仅属于少数人，大众要想获得自由需要党的组织、民族独立、国家强大。建立“独立、自由、民主、统一、富强的新中国”才能真正保障人民自由权利；没有国家独立则没有人民自由：“中国如果没有独立就没有个性，民族解放就是解放个性”③。

社会主义自由价值的真实性在于不仅肯定人民形式的自由权利，而且争取人民实质的自由能力。土地革命战争时期，毛泽东争取工人农民劳动环境改善、技能素质提升、政治组织发展，生产资料占有更是自由的坚实基础：“中国的地主阶级、资产阶级有财产所有权，他们使大批的人破产，使农民和小资产阶级破产，财产集中在他们手里，他们自己就有独立性、

---

① 中共中央文献研究室，中央档案馆．建党以来重要文献选编（一九二一——一九四九）：第18册．北京：中央文献出版社，2011：242.

② 中共中央文献研究室．毛泽东文集：第1卷．北京：人民出版社，1993：2，42.

③ 中共中央文献研究室．毛泽东文集：第3卷．北京：人民出版社，1996：431，336.

个性、自由，而广大人民丧失了财产所有权，也就没有个性、独立性、自由”①。

为了争取和保障人民的自由，党的集中领导必不可少，这就要实行民主集中制原则，把一盘散沙的中国组织起来争取解放：“要干部去发动组织广大的人民，把成千成万的人民变为有组织的队伍；没有组织便没有力量”②。建立人民武装和人民政权，才能捍卫人民的个性和自由。

在以组织求自由的过程中，毛泽东反对片面强调个人至上的“自由主义作风”，“不敢斗争”“不服从命令”“山头主义”“流寇主义”影响革命队伍的凝聚力和战斗力。当然，“反对自由主义”并非“反对自由”，毛泽东在讨论“党性与个性”问题时指出，应允许党员发展个性，组织调动人民自主性，但要区分个性是与党性相统一的还是破坏团结的：“不能设想每个人不能发展，而社会有发展，同样不能设想我们党有党性，而每个党员没有个性”。“人民有人格，我们党也就有，人民都没有，我们党哪里会有呢?”③

改革开放为中国自由的发展奠定了物质基础，大大丰富了人民的物质和精神自由，广泛调动了社会积极性。这时的社会自由，一面是“放”，拨乱反正、解放思想，恢复党内民主，下放生产经营自主权；一面是“收”，坚守方向、稳住阵脚，维持安定团结，对无政府主义保持警惕。

“文革”期间人民自由权利受到严重影响，党内民主的活泼气氛受到

---

① 中共中央文献研究室．毛泽东文集：第3卷．北京：人民出版社，1996：415.

② 中共中央文献研究室．毛泽东文集：第2卷．北京：人民出版社，1993：177.

③ 同①416，415.

压抑。“文革”结束后，邓小平反对“两个凡是”，提出“解放思想，实事求是”：“一个党，一个国家，一个民族，如果一切从本本出发，思想僵化，迷信盛行，那它就不能前进，它的生机就停止了，就要亡党亡国。”[①]打破思想僵化之后，邓小平着重强调自由的经济基础和法治基础。

一方面，“贫穷不是社会主义”，“社会主义制度优越性的根本表现，就是能够允许社会生产力以旧社会所没有的速度迅速发展，使人民不断增长的物质文化生活需要能够逐步得到满足”[②]。自由价值是解放和发展生产力的，自由的实现就在发展之中，邓小平以“三个有利于”作为判断一切政策是非的标准。国家富裕、人民富裕，自由才有物质支撑，要因地制宜、调动积极，允许人富、鼓励人富。

另一方面，要以法治规范自由，促进安定团结。“无政府主义”的“自由”结果是人人自危、动荡不安的低质量自由。“纪律和自由是对立统一的关系，两者是不可分的，缺一不可。……没有理想，没有纪律，就会像旧中国那样一盘散沙，那我们的革命怎么能够成功？我们的建设怎么能够成功？”[③] 党的十一届三中全会提出“有法可依，有法必依，执法必严，违法必究”的社会主义法制建设十六字方针，不搞“四大自由”、政治运动，以司法程序处理人民内部矛盾，保障公民尊严和权利。

邓小平还通过适当进行中央对地方、国家对社会的“放权”激发制度灵活性和社会活力：“要提倡、要教育所有的干部独立思考，不合理的东西可以大胆改革，也要给他这个权。”“中央没有钱，可以给些政策，你们

---

① 邓小平．邓小平文选：第 2 卷．2 版．北京：人民出版社，1993：143.

② 同①128.

③ 邓小平．邓小平文选：第 3 卷．北京：人民出版社，1993：111.

自己去搞，杀出一条血路来。”①

当然，邓小平特别重视区分社会主义和资本主义的自由，坚决抵制西方以自由为名的“和平演变”，旗帜鲜明地反对“资产阶级自由化”，坚信只有党能组织人民，只有社会主义能富强国家：“反对资产阶级自由化是不可缺少的，不要怕外国人说我们损害了自己的名誉。……如果搞得乱七八糟、一盘散沙，那还有什么希望？过去帝国主义欺侮我们，还不是因为我们是一盘散沙？”② 邓小平强调自己是“改革派”，但在“坚持四项基本原则”上又是保守派，自我评价为“实事求是派”，充分体现了他对自由价值的理解。

党的十八大之后，中国特色社会主义自由取得了历史性的进展，全面依法治国使得公民的诸多权利获得了更好的法律保障，以人民为中心的发展理念不仅使得人民在教育、医疗、社保、就业等各方面获得了更真实、更广泛的实质自由，而且由于发展更注重平衡和质量，城乡、区域、行业、收入不同人群的自由发展资源分配格局得到了改善协调，为高层次、更广泛的自由追求提出了更高的要求、打下了更扎实的基础。

党的十九大判断我国社会主要矛盾已经转化为人民日益增长的美好生活需要和不平衡不充分的发展之间的矛盾③，“人民日益增长的美好生活需要”某种程度上就是人民对自由权利和自由能力多样需求的增长；经济发展奠定了物质基础，但要让这种自由在范围的广泛性、内容的充分性、分

① 中共中央文献研究室．邓小平年谱：1975—1997：上．北京：中央文献出版社，2004：381，510.

② 邓小平．邓小平文选：第3卷．北京：人民出版社，1993：197.

③ 习近平．决胜全面建成小康社会 夺取新时代中国特色社会主义伟大胜利：在中国共产党第十九次全国代表大会上的报告．北京：人民出版社，2017：11.

配的平衡性上取得实质性进展仍需努力。

新时代发展带来的自由增长应当是全民性的，发展成果必须由全体人民共享。习近平总书记指出："如果不能给老百姓带来实实在在的利益，如果不能创造更加公平的社会环境，甚至导致更多不公平，改革就失去意义，也不可能持续。"① "十四五"规划纲要提出："完善共建共治共享的社会治理制度，制定促进共同富裕行动纲要，自觉主动缩小地区、城乡和收入差距，让发展成果更多更公平惠及全体人民，不断增强人民群众获得感、幸福感、安全感。"② 社会主义的发展不能建立在少数人受益的基础上，如果发展让少部分人更自由，而大多数人的自由没有改善甚至受到了侵害，则注定不可持续。

新时代，执政者更关注人民实际生活自由需求的兑现。习近平总书记指出："我们的人民热爱生活，期盼有更好的教育、更稳定的工作、更满意的收入、更可靠的社会保障、更高水平的医疗卫生服务、更舒适的居住条件、更优美的环境，期盼孩子们能成长得更好、工作得更好、生活得更好。人民对美好生活的向往，就是我们的奋斗目标。"③ 教育的意义在于："对提高人民综合素质、促进人的全面发展、增强中华民族创新创造活力、实现中华民族伟大复兴具有决定性意义。"④ 医疗的意义在于："没有全民健康，就没有全面小康"⑤，"人民至上、生命至上"⑥，"人民健康是民族昌

① 习近平．切实把思想统一到党的十八届三中全会精神上来．求是，2014（1）．

② 中华人民共和国国民经济和社会发展第十四个五年规划和 2035 年远景目标纲要．北京：人民出版社，2021：141.

③ 习近平．习近平谈治国理政：第 1 卷．2 版．北京：外文出版社，2018：4.

④ 习近平出席全国教育大会并发表重要讲话．（2018－09－10）．http：//www.gov.cn/xinwen/2018－09/10/content_5320835.htm.

⑤ 习近平．习近平谈治国理政：第 2 卷．北京：外文出版社，2017：370.

⑥ 习近平．习近平谈治国理政：第 4 卷．北京：外文出版社，2022：54.

盛和国家富强的重要标志”[①]，“健康是幸福生活最重要的指标”[②]。

新时代，执政者更注重在发展中激发人民首创精神、实现人民潜能，保证人民平等参与权利。习近平总书记指出：“要尊重人民群众首创精神，不断从人民群众中汲取经济特区发展的创新创造活力。”[③] “只要我们始终坚持为了人民、依靠人民，尊重人民群众主体地位和首创精神，把人民群众中蕴藏着的智慧和力量充分激发出来，就一定能够不断创造出更多令人刮目相看的人间奇迹!”[④] 最典型的例子是扶贫中“扶贫先扶志”“输血变造血”的实践，与西方“福利国家”的“等靠要”大异其趣，让人民有尊严地自己解放自己、发展自己、当家作主。

中国社会主义事业对人类自由的促进有目共睹，中国为人民提供的自由是实质性的能力提升，而不仅仅是形式性的权利许诺，是全民的自由，而不是为少部分人垄断、牺牲多数人的自由，是自由在众多领域的全面进步——从井冈山时期封建落后风俗的变革到新时代的高质量教育医疗保障、金融市场整顿，而不仅仅局限于某个特定领域。

比如改革开放前的公共医疗卫生奇迹。人均预期寿命、孕产妇死亡率都是联合国千年发展目标的重要内容，新中国成立之初，中国人均预期寿命只有 35 岁[⑤]，到 2019 年则达到 77 岁[⑥]，比新中国成立前翻了一番还多。

---

① 习近平．习近平谈治国理政：第 3 卷．北京：外文出版社，2020：38.

② 习近平：健康是幸福生活最重要的指标．（2021－03－24）．http：//www. gov. cn/xinwen/2021－03/24/content_5595274. htm.

③ 习近平．在深圳经济特区建立 40 周年庆祝大会上的讲话．人民日报，2020－10－15.

④ 习近平．在全国脱贫攻坚总结表彰大会上的讲话．人民日报，2021－02－26.

⑤ 国家卫生健康委员会．中国卫生健康统计年鉴 2019. 北京：中国协和医科大学出版社，2019.

⑥ The World Bank. Health，nutrition and population statistics. https：//databank. worldbank. org/source/health-nutrition-and-population-statistics.

解放前孕产妇死亡率高达1 500/10万[①]，婴儿死亡率高达200‰[②]；2018年，孕产妇死亡率为18.3/10万[③]，婴儿死亡率为6.1‰[④]。这拯救了多少妇女、儿童的性命！中国的卫健奇迹不仅仅受惠于人类技术进步，更与政治体制的动员力、整合力、执行力有关，与为人民服务的政治价值观有关。改革开放之前新中国已经在1958年消灭血吸虫病，在1960年消灭天花，在1976年实现合作医疗覆盖95%以上的农民[⑤]。试想，如果中国的医疗药品、卫健领域为私人资本所控制，成为利益集团，“预防为主”“中西医结合”“赤脚医生”“青蒿素”会出现吗？资源将全部流向“富人病”。生命健康权是其他人格权和人格利益的基础，倘若大众没有活着的权利，少数精英的自由则是苍白的。

又如改革开放后的经济增长奇迹。“仓廪实而知礼节，衣食足而知荣辱”，经济繁荣是自由实现的物质基础。从1979年到2018年，中国经济保持9.45%的年均增速。从1978年到2020年，中国占全球GDP的份额从1.8%上升到17%，常住人口城镇化率从17.9%上升到63.89%[⑥]。近8亿脱贫人口拥有了生存发展的基本尊严和选择人生的权利，根本改变了人民生活面貌。面对现代化进程中社会结构和国际形势的复杂变化，中国没有出现打断发展的社会危机，维持了经济高速发展、社会长期稳定的“双奇迹”。这样的制度不成功，世上还有成功的制度吗？中国刷新了人类对政

---

① 熊庆，梁娟．孕产妇死亡率及死亡构成的变化趋势．实用妇产科杂志，2010（1）．

② 冯学山，顾杏元．中国婴儿死亡率分析．中国卫生统计，1991（1）．

③ 国家卫生健康委员会．2018年国家医疗服务与质量安全报告．北京：科学技术文献出版社，2019.

④ 国家卫生健康委员会．中国卫生健康统计年鉴2019. 北京：中国协和医科大学出版社，2019.

⑤ 王淑军，李仕权．农村合作医疗，五十年的变迁．人民日报，2007-11-15.

⑥ 国家统计局．中华人民共和国2020年国民经济和社会发展统计公报．北京：中国统计出版社，2021.

治制度作用的认识。

再如新时代的抗疫奇迹。新冠疫情不仅暴露出西方国家制度架构、国际战略、社会结构的重大问题，而且暴露出其发展理念、社会价值的重大问题。事实证明，服务于利润的“资本秩序”、强化社会分裂的“党争民主”、原子化个人泾渭分明的排他性自由不能帮助共同体渡过难关。中国则展现出集中统一领导、社会同舟共济的治理成效。疫情肆虐期间，西方发达国家选择了“躺平抗疫”，只有大规模投放核酸、疫苗、流调的中国有能力追求“清零”，只有中国的近十四亿人可以享受“呼吸自由”。中国政府面对疫情展现出的高度政治责任感，中国社会展现出的向心凝聚力，以及国家调动社会积极性，市场微观主体和个人对国家的信任感，证明了中国理解和实现自由的方式更胜一筹。

二、平等与公正

平等指公民在法律面前一律平等，其价值取向是不断实现实质平等，要求人人依法享有平等参与、平等发展的权利，是社会和谐稳定的压舱石，它标注了调整社会关系的基本尺度。中国倡导的平等兼顾效率与公平，不是“绝对平均主义”；是实实在在的平等，不是形式主义、止步于法与权利的“形式平等”；是要人人能公平行使社会权利、履行社会义务、分享社会成果，是政治上平等参与、经济上共同富裕、文化上共建共享。

公正即社会公平正义，以人的解放、人的自由平等权利的获得为前提，是捍卫权利的天平，是衡量社会发展的价值准绳，集中体现着社会主义的制度优越性和道义感召力。中国倡导的公正不只强调机会平等和程序正义，而且兼顾结果正义，体现在社会生活各领域、各层次、各方面[①]。

公正主要有公平和正义两重含义。公平通常指不偏不倚、一视同仁，正义通常与一定的社会制度特别是法律尊严相联系。公正要求社会妥善回报个人的牺牲和奉献，恰当分配社会成员间的权利义务，反对特权。

为了建设平等和公正，在政治上要保障人民平等参与、平等协商的政治权利，反对特权与腐败；在法律上要推进以司法公正为核心内容的法律制度改革，确保法律面前人人平等；在分配制度上要较好协调公平与效率的关系，力促共同富裕；在社会治理上要妥善处理人民内部矛盾，努力构建和谐社会；在社会保障上要确保所有社会成员平等享有基本公共服务。随着社会的发展，资源配置、各利益主体、收入差距的矛盾逐渐突出，平等公正问题广为群众关注，促进公正、提升群众公正感，成为巩固党的执政基础、维护社会稳定的必然要求[②]。

平等和公正一方面来自传统中国的“公道”“中道”“天下为公”理念，另一方面来自马克思主义对资本主义不公正的批判。资本主义尽管许诺了法律、权利、人格上的平等公正，但真实的平等公正仅属于资本，留给广大人民的只有经济、政治、司法上的不公、不义。只有在社会主义国家中，在党的领导和国家的协调下，人民才会实现物质和精神上的“共同富裕”，获得全面、真实、普遍的公正。

平等公正始终是社会主义的标志，中国共产党始终为中国人民追求平等和公正。毛泽东一生反对压迫和不公，追求人与人平等的公正世界，将

---

① 任仲平．凝聚当代中国的价值公约数：论培育和践行社会主义核心价值观．人民日报，2015-04-20.

② 郭建宁．社会主义核心价值观基本内容释义．北京：人民出版社，2014：84-104；季明．培育和践行社会主义核心价值观学习读本．北京：人民日报出版社，2014：114-118.

大众解放和国家独立作为革命目标。大革命时期，他将三民主义解释为民族解放、人民解放、经济平等的公正秩序："革命的民族主义叫我们反抗帝国主义，使中国民族得到解放。革命的民权主义叫我们反抗军阀，使中国人民自立于统治地位。革命的民生主义叫我们反抗大商买办阶级，尤其是那封建宗法性一切反动势力根本源泉之地主阶级，使中国大多数穷苦人民得享有经济幸福。"①

他重视平等公正的物质基础，青年时就主张："中国的经济，一定要走'节制资本'和'平均地权'的路，决不能是'少数人所得而私'，决不能让少数资本家少数地主'操纵国民生计'"②。毛泽东还注意到革命队伍平等建设带来的民主风貌大大助益党的战斗力："新来的俘虏兵，他们感觉国民党军队和我们军队是两个世界。他们虽然感觉红军的物质生活不如白军，但是精神得到了解放。"③ 抗战时期，他在给亲人的信中写道："我们这里仅有衣穿饭吃，上自总司令下至火夫，待遇相同，因为我们的党专为国家民族劳苦民众做事，牺牲个人私利，故人人平等，并无薪水。"④

求平等公正需要组织，需要民主集中制，要根据具体形势调整平等公正的范围与规模，避免"绝对平均主义"："发给伤兵用费，反对分伤轻伤重，要求平均发给""背米不问大人小孩体强体弱，要平均背"的绝对平均是小资产者作风，应当"各尽所能按劳取酬"⑤。

---

① 中共中央文献研究室．毛泽东文集：第1卷．北京：人民出版社，1993：16.
② 毛泽东．毛泽东选集：第2卷．2版．北京：人民出版社，1991：678－679.
③ 毛泽东．毛泽东选集：第1卷．2版．北京：人民出版社，1991：65.
④ 中共中央文献研究室．毛泽东文集：第2卷．北京：人民出版社，1993：72.
⑤ 同③90，91.

邓小平的平等公正观兼顾效率与公平，注重现实条件的限制、物质繁荣的基础和制度化规范，对平等公正的成本、质量、步骤有务实观察。“一大二公”对经济公正的追求导致“穷平等”，“以阶级斗争为纲”对政治公正的追求导致“无政府主义”。没有法治约束，形式上的抽象公正恰恰导致了现实中实质的不公正。同时他也认为“发展起来以后的问题不比不发展时少”[①]，提出社会主义的目的是共同富裕，既不是资本主义“弱肉强食”的巨大差距，也不是“大锅饭”的共同贫穷。

一方面，邓小平反对平均主义，允许一部分人、一部分地区先富起来，不因平等而牺牲效率，以解放和发展生产力为更有质量的平等打下物质基础：“马克思主义归根到底是要发展生产力，贫困不等于马克思主义。以前我们犯过平均主义、吃大锅饭的错误，影响了生产力的发展。”[②]“要允许一部分地区、一部分企业、一部分工人农民，由于辛勤努力成绩大而收入先多一些……这是一个大政策，一个能够影响和带动整个国民经济的政策。”[③]

另一方面，随着社会财富分配逐渐产生差距，方向问题凸显出来。中国的现代化是社会主义的现代化，不是别的现代化，党的领导、公有制占主体、按劳分配为主体、共同富裕不能动摇。引入市场、允许差别才能富起来，但差别不能无限扩大：“如果我们的政策导致两极分化，我们就失败了；如果产生了什么新的资产阶级，那我们就真是走了邪路了。我们提倡一部分地区先富裕起来，是为了激励和带动其他地区也富裕起来”[④]。

---

① 中共中央文献研究室．邓小平年谱：1975—1997：下．北京：中央文献出版社，2004：1364.

② 同①791.

③ 邓小平．邓小平文选：第2卷．2版．北京：人民出版社，1994：152.

④ 邓小平．邓小平文选：第3卷．北京：人民出版社，1993：111.

1985年邓小平指出："社会主义的目的就是要全国人民共同富裕，不是两极分化。"① 共同富裕正式提出。

市场经济会带来经济发展，也会带来政治后果。资本自发秩序下，收入差距导致社会分化，富裕只属于少数人，而中国的社会主义为大众服务："中国要解决十亿人的贫困问题，十亿人的发展问题。如果搞资本主义，可能有少数人富裕起来，但大量的人会长期处于贫困状态，中国就会发生闹革命的问题。"②

邓小平晚年把共同富裕、平衡发展作为影响全局的问题："社会主义最大的优越性就是共同富裕，这是体现社会主义本质的一个东西。如果搞两极分化，情况就不同了，民族矛盾、区域间矛盾、阶级矛盾都会发展，相应地中央和地方的矛盾也会发展，就可能出乱子。"③ 共同富裕的意义不亚于发展，面临的挑战也不亚于发展。

经过四十多年的高速发展，中国的平等公正事业来到了新的历史节点，共同富裕不能赶，但也不能拖。习近平总书记指出："我们必须清醒看到，如期全面建成小康社会，既具有充分条件，也面临艰巨任务，前进道路并不平坦，诸多矛盾叠加、风险隐患增多的挑战依然严峻复杂。如果应对不好，或者发生系统性风险、犯颠覆性错误，就会延误甚至中断全面建成小康社会进程。"④ 公平正义"这个问题不抓紧解决，不仅会影响人民群众对改革开放的信心，而且会影响社会和谐稳定"⑤。如果改革的收益成

---

① 中共中央文献研究室．邓小平思想年谱：1975—1997．北京：中央文献出版社，1998：311.
② 邓小平．邓小平文选：第3卷．北京：人民出版社，1993：229.
③ 同②364.
④ 习近平．习近平谈治国理政：第2卷．北京：外文出版社，2017：72.
⑤ 习近平．切实把思想统一到党的十八届三中全会精神上来．人民日报，2014-01-01.

本不能妥善分配，发展不能走向协调和公正，改革便不可能持续。

新时代，党中央许诺“让改革发展成果更多更公平惠及全体人民，朝着实现全体人民共同富裕不断迈进”[①]，“使人民获得感、幸福感、安全感更加充实、更有保障、更可持续”[②]，“在幼有所育、学有所教、劳有所得、病有所医、老有所养、住有所居、弱有所扶上持续用力，人民生活全方位改善”[③]。改革更关注各个领域的平等公正，缩小城乡、区域、收入差距，减轻教育、就业、医疗、住房、司法各方面的不平衡、不协调。

在经济发展和收入分配层面，共同富裕要“先富带后富”。市场自身能解决公正问题吗？“做大蛋糕”可以为公正奠定物质基础，但“做大蛋糕”不等于“分好蛋糕”。没有国家干预，社会资源自发分配的结果必然是“赢者通吃”“马太效应”。在垄断资本面前，原子化个人和规模有限的组织都缺乏议价能力，只有求助自主国家，社会和市场才有公平性。更不要说市场本身也只是人类共同体生活诸多秩序中的一种，如果走向“脱嵌”，损害国家内部的社会平等、对外的主权安全平等，必然与善治的价值相违背。

中央财经委员会第十次会议对共同富裕进行了进一步规划，推动共同富裕取得实质性进展：“共同富裕是全体人民的富裕，是人民群众物质生活和精神生活都富裕，不是少数人的富裕，也不是整齐划一的平均主义，要分阶段促进共同富裕。”“要鼓励勤劳创新致富，坚持在发展中保障和改

---

① 习近平．决胜全面建成小康社会 夺取新时代中国特色社会主义伟大胜利：在中国共产党第十九次全国代表大会上的报告．北京：人民出版社，2017：45.

② 习近平．习近平谈治国理政：第3卷．北京：外文出版社，2020：35.

③ 习近平．高举中国特色社会主义伟大旗帜 为全面建设社会主义现代化国家而团结奋斗：在中国共产党第二十次全国代表大会上的报告．北京：人民出版社，2022：10.

善民生，为人民提高受教育程度、增强发展能力创造更加普惠公平的条件，畅通向上流动通道，给更多人创造致富机会，形成人人参与的发展环境。”①

可见，共同富裕是人人享有、人人参与、渐进发展的，保障每个人全面发展的机会，注重激发人民积极性，是平衡、协调、包容的发展。它不是大政府“福利国家”的“平等”——“等、靠、要”使得人民没有首创精神，“街头政治”和“选主政治”的恶性循环下民意如流水，今天支持这个，明天支持那个，国家永无宁日；不是“政府缺位”弱肉强食的“公正”——“市场原教旨主义者”期许的不受政治权力干预、每个社会成员在分工中获利的完全竞争市场是资本乌托邦，其结果是平等不断倒退，一切资源向经济精英集中，不公正全面制度化并代际传承，穷人永无出头之日；也不是政府越位、权威无边界的“劫富济贫”“平均主义”——“要坚持循序渐进，对共同富裕的长期性、艰巨性、复杂性有充分估计，鼓励各地因地制宜探索有效路径，总结经验，逐步推开”②。

当然，公正需要客观基础，更是主观感受。必须了解人民对公正问题的感知侧重点，让人民“切实感受到公正”：“要把促进社会公平正义、增进人民福祉作为一面镜子，审视我们各方面体制机制和政策规定，哪里有不符合促进社会公平正义的问题，哪里就需要改革；哪个领域哪个环节问题突出，哪个领域哪个环节就是改革的重点。”③

反腐倡廉上，全面从严治党加强和改善了党的领导，保持了党的先进

①② 在高质量发展中促进共同富裕 统筹做好重大金融风险防范化解工作．人民日报，2021－08－18.

③ 中共中央文献研究室．十八大以来重要文献选编：上．北京：中央文献出版社，2014：553.

性和纯洁性，让人民群众切实感受到公平正义。“人民群众最痛恨各种消极腐败现象，最痛恨各种特权现象，这些现象对党同人民群众的血肉联系最具杀伤力。”①

司法公正上，公平正义是政法工作的生命线，司法机关是维护社会公平正义的最后一道防线。党的十八届四中全会公报指出：“司法公正对社会公正具有重要引领作用，司法不公对社会公正具有致命破坏作用。必须……努力让人民群众在每一个司法案件中感受到公平正义。”②

反腐倡廉和司法公正不仅在供给“平等公正”公共产品，而且有意识地促进民众的公正感。如果没有意识形态权力这一“国家权力之魂”，就需要在国家能力的其他层面投入海量治理成本、沟通成本进行弥补。

毛泽东曾描述新中国的优势所在：“现在我们实行这么一种制度，这么一种计划，是可以一年一年走向更富更强的，一年一年可以看到更富更强些。而这个富，是共同的富，这个强，是共同的强，大家都有份”③。邓小平坚信社会主义的优越性终将通过“共同富裕”彰显：“社会主义的本质，是解放生产力，发展生产力，消灭剥削，消除两极分化，最终达到共同富裕。”④ 平等的富强，富强的平等，承载着数代中国人的梦想，如今取得了实质性进展。

社会主义革命和建设时期，一方面为平等公正打下了法律基础，《中国人民政治协商会议共同纲领》明确规定：“妇女在政治的、经济的、文

---

① 中共中央文献研究室．习近平关于全面从严治党论述摘编．北京：中央文献出版社，2016：178.

② 中国共产党第十八届中央委员会第四次全体会议文件汇编．北京：人民出版社，2014：9.

③ 中共中央文献研究室．毛泽东文集：第 6 卷．北京：人民出版社，1999：495.

④ 邓小平．邓小平文选：第 3 卷．北京：人民出版社，1993：373.

化教育的、社会的生活各方面，均有与男子平等的权利”，“中华人民共和国境内各民族，均有平等的权利和义务”[①]，确立了公民在法律面前人人平等原则；另一方面，通过生产资料所有制根本变革为平等公正打下了经济基础，消灭了数千年封建关系的剥削压迫，3 亿多无地少地的农民分到土地。最后，如《论十大关系》所展现的那样，党统筹协调促进工农、城乡、地域、性别的实质平等，以强大的国家组织力、动员力为大众在有限成本上提供尽可能丰富和公平的福利，让新中国在普及义务教育、基本医疗卫生服务等领域取得举世瞩目的成绩，甚至通过“三线建设”让人才和资源向西北、西南、内陆腹地流动，缓解地区之间工业发展的不平衡。

改革开放和社会主义现代化建设新时期，平等公正与效率相结合，人们获得了平等的勤劳致富的权利，持续高速经济发展使得全国人民分享改革红利，转移支付和社会保障有了坚实的物质基础，7 亿多人口走出绝对贫困；同时以法律、制度维护社会平等公正，出台了一系列法律，不断完善依法治国。

党的十八大以来，中央高度重视平等公正对经济高质量发展、防范政治重大风险、促进社会和谐共享的重大作用，平等公正也需要国家协调市场与政府、自由与监管、民营企业与国有企业的关系，促进共同富裕、协调区域发展、平衡各方利益。

2020 年，中国取得脱贫攻坚战全面胜利，全面建成小康社会，全面消除绝对贫困。十八大以来，中国最困难的近 1 亿人摆脱绝对贫困，对世界减贫贡献率超过 70%，全国贫困发生率从 2010 年的 17.2%降至 0，异地

---

① 中共中央文献研究室．建国以来重要文献选编：第 1 册．北京：中央文献出版社，1992：3.

搬迁960多万人，销售扶贫产品3 000多亿[①]。这背后是能够动员25万多个驻村工作队、300多万名县级以上单位派出驻村干部、300多万名第一书记和驻村干部的强大组织力，中国脱贫是经济体制的胜利，更是政治体制和政治价值的胜利。

第二节 法治与民主

一、法治

党的十八届四中全会指出，“法律是治国之重器，良法是善治之前提”[②]。法治是人类文明进步的重要标志，是治国理政的基本方式。习近平总书记曾说：“法治是国家治理体系和治理能力的重要依托。全面推进依法治国，是解决党和国家事业发展面临的一系列重大问题，解放和增强社会活力、促进社会公平正义、维护社会和谐稳定、确保党和国家长治久安的根本要求。”[③]

---

① 国务院新闻办公室.《人类减贫的中国实践》白皮书.（2021-04-06）.http://www.gov.cn/zhengce/2021-04/06/content_5597952.htm.

② 中国共产党第十八届中央委员会第四次全体会议文件汇编.北京：人民出版社，2014：6.

③ 中共中央文献研究室.十八大以来重要文献选编：中.北京：中央文献出版社，2016：141.

什么是法治？在中共十八届四中全会第二次全体会议上，习近平总书记阐释了法治的意涵和治理意义："法律是什么？最形象的说法就是准绳。用法律的准绳去衡量、规范、引导社会生活，这就是法治。""治理一个国家、一个社会，关键是要立规矩、讲规矩、守规矩。法律是治国理政最大最重要的规矩。推进国家治理体系和治理能力现代化，必须坚持依法治国，为党和国家事业发展提供根本性、全局性、长期性的制度保障。"[①] 可见，法治要求有章法、有规矩、法律面前人人平等，是为社会运行提供全方位的合理秩序，为党和国家的事业发展提供制度化、法律化保障。

法治是治国理政的基本方式，它通过法制建设来维护和保障公民的根本利益，是实现自由平等、公平正义的制度保证，是社会保障之盾，也是现代政治文明的核心。只有当法治成为治国理政的基本方式，自由、平等、公正才会有安全的避风港。中国倡导的法治，不是片面强调司法独立、推行三权分立，更不是对资本主义法治理念的照抄照搬，而是立足中国的社会现实和文化传统，坚持党的领导、人民当家作主、依法治国的有机统一。社会主义法治是运用人民赋予的权力，体现人民意志、保护人民权益，让法治成为国家长治久安、社会安定有序、人民安居乐业的坚强柱石[②]。现代社会中，市场经济、民主政治、先进文化都需要法治，核心价值体系中的其他核心价值也需要法治，否则一切价值就难以制度化、稳定化。

好政治是民主、权威、法治的动态平衡。人类社会的历史经验显示，

① 中共中央文献研究室．习近平关于全面依法治国论述摘编．北京：中央文献出版社，2015：8-9，12.

② 任仲平．凝聚当代中国的价值公约数：论培育和践行社会主义核心价值观．人民日报，2015-04-20.

没有权威就没有秩序。近代政治是大众民主的政治，如果民主过多，可能变为民粹，而如果权威超出边界，也会影响社会活力，因此两者都需要法治约束。但如果只有法治，则又跟前现代碎片化的封建政治一样，“否决型政体”办不成事。我们党历来重视法治，但也曾因为忽视法治而受到惨痛教训，有法治则安，无法治则乱。

在毛泽东看来，法治不是纯抽象独立的，好法治是为党所领导、为人民所认可、服务人民、富强国家的法治。法治被视作一个大政治系统中的局部，与党的领导、组织纪律、社会风气、批评教育等工作相联系，德治与法治是有机整体。

民国初年，中国处处高唱宪政，但从西方移植的宪政体系严重水土不服，导致社会更分裂、国家更贫弱，与人民群众实际需求严重脱离。

毛泽东年少时作《商鞅徙木立信论》，体现了其早年独特的法治观念：“法令者，代谋幸福之具也。法令而善，其幸福吾民也必多……政府国民互相倚系，安有不信之理？法令而不善……又安有信之之理？”[①] 理想状态中，良法富国利民，民众也支持良法。但现实是法良未必民从，民从的法未必是良法。在此时的他看来，法是富国利民的途径，法是政治的工具，政治是法的灵魂；善法并不直接走向善治，因为人民未必拥护善法，中间需要过渡环节。显然，推论是法治的争取和落实需要知晓人民根本利益的领导者、组织者、教育者——如文中变法的商鞅。

毛泽东重视以法治推进社会解放、切实改善人民基本权益。他在井冈山颁行中国第一部《土地法》，修订《中华苏维埃共和国土地法》，废止肉

---

① 中共中央文献研究室，中共湖南省委《毛泽东早期文稿》编辑组．毛泽东早期文稿．长沙：湖南人民出版社，2013：1.

刑，促进男女平等、婚姻自由，签发《中华苏维埃共和国婚姻条例》，将法治改善和社会进步相联系，以民主主义的婚姻制度，打碎了对女性的封建压迫束缚。

毛泽东注重法治和民主之间的关系，法治意味着人民群众利用立法、司法程序实实在在地当家作主。他非常欣赏陕甘宁边区以“深入群众、调查研究、审判与调解结合”为特色的“马锡五审判方式”，亲题“马锡五同志：一刻也不离开群众”。新中国成立之后，法治建设也要经过群众路线检验。在“五四宪法”起草过程中，毛泽东说“搞宪法就是搞科学”，标准是“得人心”，即立法过程充分体现民主性。

法治服务于社会革命，更服务于国家治理。延安时期党局部执政，法治建设更注重团结和协商。边区政府出台《陕甘宁边区政府保障人权财权条例》保障人民财产权、劳动权、生命权：“边区一切抗日人民不分民族、阶级、党派、性别、职业与宗教，都有言论、出版、集会、结社、居住、迁徙及思想信仰之自由，并享有平等之民主权利。”“保障边区一切抗日人民的私有财产权及依法之使用及收益自由权（包括土地房屋债权及一切资财）。”① 在毛泽东草拟的《关于共产党员与党外人员的关系》中则写道：“凡与我党共事的党外人员，在法律上是与共产党员完全平等的。”② 这都不是阶级斗争的批判性、对抗性话语，而是稳固政权的建设性、团结性话语。

新中国成立后的“五四宪法”则要安定团结民族资产阶级、各民主党

① 中共中央文献研究室，中央档案馆．建党以来重要文献选编（一九二一——一九四九）：第19册．北京：中央文献出版社，2011：5.

② 中共中央文献研究室．毛泽东文集：第2卷．北京：人民出版社，1993：398.

派、城市小资产阶级："我们现在要团结全国人民，要团结一切可以团结和应当团结的力量，为建设一个伟大的社会主义国家而奋斗。这个宪法就是为这个目的而写的。"[①] 新中国以法治稳固秩序、安定人心、划定轨道，将革命成果制度化："把人民民主和社会主义原则固定下来，使全国人民有一条清楚的轨道，使全国人民感到有一条清楚的明确的和正确的道路可走，就可以提高全国人民的积极性。"[②]

可惜，一旦毛泽东误判民主面临"威胁"，法治便从保障民主的工具变为阻碍民主的枷锁。在毛泽东眼中，上到党的决议意见，下到社会风气舆论，都是广义的"法"，复杂的司法程序能在多大程度上服务大众是值得怀疑的。他把政策与法律混淆、以政治运动取代法制建设的意见，给之后中国法治建设的曲折埋下了伏笔。"文革"期间"打倒一切"，"公检法"首当其冲，"大民主"扭曲膨胀，法治偃旗息鼓，民主和法治被对立起来。

邓小平以审慎、平衡的智慧澄清了民主和法治的关系，指出民主和法制不是对立的，无序民主对民主本身也是伤害："为了保障人民民主，必须加强法制。必须使民主制度化、法律化"[③]。恢复人民民主，以法制将民主制度化，使二者相互支撑，才能走向健康的民主政治："民主和法制，这两个方面都应该加强，过去我们都不足。要加强民主就要加强法制。"[④]

在法治和权威的关系上，邓小平则以法治规范权威，反对权威对司法工作的无限制干预，主张以法制建设而非政治运动解决人民内部矛盾，建

---

① 中共中央文献研究室．毛泽东文集：第6卷．北京：人民出版社，1999：329－330.

② 同①328.

③ 邓小平．邓小平文选：第2卷．2版．北京：人民出版社，1994：146.

④ 同③189.

立起民主、法治、权威的动态平衡，提出“做到有法可依，有法必依，执法必严，违法必究”[①]。

中国法治建设为经济改革营造了良好的制度环境。市场经济必然要求法治，否则不能保障市场主体平等产权、维持交易秩序、提供异时异地相同的安全预期，这将会导致交易成本十分高昂，创新活力可能受到抑制。健全法制在改革和开放中都扮演着重要作用。

邓小平注意到司法、经济问题可能产生的政治影响，注重协调灵活性和原则性。针对“傻子瓜子”问题，他说：“许多人不舒服，说他赚了一百万，主张动他。我说不能动，一动人们就会说政策变了，得不偿失。像这一类的问题还有不少，如果处理不当，就很容易动摇我们的方针，影响改革的全局。”[②] 针对证券、股市，他说：“允许看，但要坚决地试。看对了，搞一两年对了，放开；错了，纠正，关了就是了。”[③] “稳这个字是需要的，但并不能解决一切问题。”[④]

但“放”不等于无原则妥协，法治就是“摸着石头过河”过程中治国理政的重要抓手，服务于稳定大局：“搞四个现代化一定要有两手，只有一手是不行的。所谓两手，即一手抓建设，一手抓法制。”[⑤] 这又要求党善于使用法律治国理政：“不能采取过去搞政治运动的办法，而要遵循社会主义法制的原则。”“全党同志和全体干部都要按照宪法、法律、法令办事，学会使用法律武器。”[⑥]

---

① 邓小平．邓小平文选：第2卷．2版．北京：人民出版社，1994：146－147.
② 邓小平．邓小平文选：第3卷．北京：人民出版社，1993：371.
③ 同②373.
④ 同②368.
⑤ 同②154.
⑥ 同①371.

为了发展需要“放”，为了防止“乱”就需要“抓”，而“抓”太严、太久就会影响经济建设，因此又需要“放”。总结改革开放的经验，是法治、权威、民主三者的协调。首先，慎用权威，允许新现象的发展，维持经济活力。其次，敢用权威，国家权威超脱社会各特殊利益集团之上的独立性是中国法治的力量所在。最后，既要用法治将权威和民主制度化、稳定化，又要防止“法治过盛”导致执行低效，以法制建设解决革命走向治理、批判走向建设的问题，既激发了人民的生产积极性，又维持了社会安定团结。

习近平总书记指出：“中国特色社会主义实践向前推进一步，法治建设就要跟进一步。我国社会主义法治凝聚着我们党治国理政的理论成果和实践经验，是制度之治最基本最稳定最可靠的保障。”[①] 党的十八大以来，中央高度重视法治建设，取得了巨大成绩。“全面依法治国”纳入“四个全面”，十八届四中全会专题讨论“全面推进依法治国”，在改革开放以来历次党的全会中为首次。2020 年，党史上前所未有的中央全面依法治国工作会议召开，习近平法治思想被明确为全面依法治国的指导思想。

党的领导是法治建设方向正确的根本保证。中国的法治建设不能对其他国家亦步亦趋，不能搞“飞来峰”，不能服从任何特殊利益集团利益。这不是技术性问题，而是基础本源问题，习近平总书记将全面依法治国提升到“道路”高度，指出：“全面推进依法治国，必须走对路。如果路走错了，南辕北辙了，那再提什么要求和举措也都没有意义了。”[②] “党的领

① 全面提高依法防控依法治理能力 为疫情防控提供有力法治保障．人民日报，2020－02－06.

② 中共中央文献研究室．习近平关于全面依法治国论述摘编．北京：中央文献出版社，2015：26.

导是我国社会主义法治之魂，是我国法治同西方资本主义国家法治最大的区别。”①

中国法治坚持以人民为中心。新时代承诺更好满足人民各方面日益增长的需要，法治也需要回应人民对生命健康权、知情权、参与权、监督权、表达权等权益的更高质量的需求，对公正司法、从严治党的关注，以及对执法人文关怀的要求。习近平总书记强调：“要把体现人民利益、反映人民愿望、维护人民权益、增进人民福祉落实到全面依法治国各领域全过程。推进全面依法治国，根本目的是依法保障人民权益。要积极回应人民群众新要求新期待，系统研究谋划和解决法治领域人民群众反映强烈的突出问题，不断增强人民群众获得感、幸福感、安全感，用法治保障人民安居乐业。”②

中国法治服务于社会协调平衡。随着社会发展和国际形势变化，社会矛盾、治理风险、国际挑战为社会秩序稳定施加了巨大压力。党的十八届四中全会指出：“我们党要更好统筹国内国际两个大局，更好维护和运用我国发展的重要战略机遇期，更好统筹社会力量、平衡社会利益、调节社会关系、规范社会行为，使我国社会在深刻变革中既生机勃勃又井然有序，实现经济发展、政治清明、文化昌盛、社会公正、生态良好，实现我国和平发展的战略目标，必须更好发挥法治的引领和规范作用。”③ 习近平总书记警示道：“我们要更加重视法治、厉行法治，更好发挥法治固根本、稳预期、利长远的保障作用，坚持依法应对重大挑战、抵御重大风险、克

---

① 习近平．坚定不移走中国特色社会主义法治道路 为全面建设社会主义现代化国家提供有力法治保障．求是，2021（5）．

② 习近平．论坚持全面依法治国．北京：中央文献出版社，2020：2.

③ 中共中央关于全面推进依法治国若干重大问题的决定．人民日报，2014－10－29.

服重大阻力、解决重大矛盾。”[①]

中国法治以制度化、体系化强国，要求坚持建设中国特色社会主义法治体系，坚持在法治轨道上推进国家治理体系和治理能力现代化，以法治体系规范国家治理的方方面面。习近平总书记指出：“要加快形成完备的法律规范体系、高效的法治实施体系、严密的法治监督体系、有力的法治保障体系，形成完善的党内法规体系。”“要积极推进国家安全、科技创新、公共卫生、生物安全、生态文明、防范风险、涉外法治等重要领域立法，健全国家治理急需的法律制度、满足人民日益增长的美好生活需要必备的法律制度，填补空白点、补强薄弱点。”“法治是国家治理体系和治理能力的重要依托。只有全面依法治国才能有效保障国家治理体系的系统性、规范性、协调性，才能最大限度凝聚社会共识。”[②]要“坚持顶层设计和法治实践相结合，提升法治促进国家治理体系和治理能力现代化的效能”，“加快建立健全国家治理急需、满足人民日益增长的美好生活需要必备的法律制度”。“要加强对法律实施的监督”，“努力提升执法司法的质量、效率、公信力，更好把社会主义法治优势转化为国家治理效能”[③]。

法治建设是一个系统工程，是一项“为子孙万代计、为长远发展谋”的千秋大业，它既是各项建设的一部分，又为各项建设提供基础性的法律制度保障，使得公共意志不断通过法治在制度上“可大可久”，广泛、规范、有效地渗入社会中。

新中国打碎旧的国家机器，在全新政治基础上开启法治建设。一方面

①② 习近平．坚定不移走中国特色社会主义法治道路 为全面建设社会主义现代化国家提供有力法治保障．求是，2021（5）．

③ 习近平．推进全面依法治国，发挥法治在国家治理体系和治理能力现代化中的积极作用．求是，2020（22）．

废除国民党旧的法律、法令和司法制度，另一方面以“五四宪法”确立人民民主原则和社会主义原则，出台婚姻法、土地改革法、惩治贪污条例，废除旧的封建社会经济、婚姻关系，建立新秩序。

改革开放后，不仅拨乱反正健全社会主义法制，出台“八二宪法”、刑法、民法通则维护公民权益，而且服务于对内改革经济体制、对外接轨世界市场出台了大量经济法律，如公司法、合伙企业法、个人独资企业法、反不正当竞争法、价格法、审计法、中国人民银行法、商业银行法、证券法等。1978 年 12 月，邓小平明确提出制定外国人投资法。1979 年 7 月《中外合资经营企业法》出台，为改革开放首批出台法律。1980 年，全国人大常委会批准《广东省经济特区条例》，从法律上支持经济特区建设。党的十五大报告正式提出“社会主义法治国家”，“法制”发展为“法治”。

党的十八大以来，法治建设取得了更大成就。纠正一大批冤假错案，大大强化了民众对公平正义的信仰、对法律的尊重。出台一批涉及国家安全的法律，如《国家安全法》《国家情报法》《网络安全法》《境外非政府组织境内活动管理法》。修改制定一大批与人民群众切身利益密切相关的法律法规，如《大气污染防治法》《民办教育促进法》《红十字会法》《促进科技成果转化法》《慈善法》。制定修订《中国共产党廉洁自律准则》《中国共产党纪律处分条例》《中国共产党问责条例》《中国共产党党内监督条例》等近 80 部党内法规，超过现有党内法规的 40%。2020 年，十三届全国人大三次会议审议通过《中华人民共和国民法典》。

二、民主

民主如同国之经络，疏通国家的肌体，协调政治的机能，没有民主就没有社会主义，就没有社会主义现代化。中国倡导的民主，是真实的民主，没有门槛，不受财产、地位、民族、性别、宗教等因素限制，使每个人都享有平等的政治权利；是广泛的民主，绝不以牺牲多数人利益为代价来保护少数人的利益，同时又尊重和照顾少数人，充分反映和协调各方面的意愿和利益；是高效的民主，既真切全面地反映人民意愿，又致力于尽快形成统一意志、统一行动，以解决实际问题；是丰富的民主，不仅有选举民主，还有协商民主、基层民主，保证人民依法实行民主选举、民主决策、民主管理、民主监督①。

中国特色社会主义民主既是一个价值目标，更是一种政治实践。中国特色社会主义民主建设不可能一蹴而就，而是一个不断发展的过程。世界上从来就没有抽象的、绝对的民主，没有一成不变的民主发展道路和民主模式。一个国家选择什么样的政治发展道路和民主模式，是由这个国家的历史文化传统、经济社会发展水平决定的②。

人民民主是社会主义的生命，中国共产党领导人民实行人民民主就是保证和支持人民当家作主。世界上的政治民主有自由主义民主和人民民主两大类，自由主义民主为资本服务，中国的民主政治以人民为中心。党的十九大报告指出："发展社会主义民主政治就是要体现人民意志、保障人民权益、激发人民创造活力，用制度体系保证人民当家作主。"③

---

①　任仲平．凝聚当代中国的价值公约数：论培育和践行社会主义核心价值观．人民日报，2015-04-20.

②　郭建宁．社会主义核心价值观基本内容释义．北京：人民出版社，2014：44-54；季明．培育和践行社会主义核心价值观学习读本．北京：人民日报出版社，2014：91-94.

③　习近平．决胜全面建成小康社会 夺取新时代中国特色社会主义伟大胜利：在中国共产党第十九次全国代表大会上的报告．北京：人民出版社，2017：36.

习近平总书记将中国的民主概括为全过程人民民主："践行以人民为中心的发展思想，发展全过程人民民主"[①]。2019 年，习近平总书记指出："人民民主是一种全过程的民主，所有的重大立法决策都是依照程序、经过民主酝酿，通过科学决策、民主决策产生的。"[②] 这种全过程民主有着鲜明的协商民主色彩，是一种追求共识而不是制造分裂的民主。

中国民主体现在政治发展道路、政治制度、政治过程之中，体现为国体的人民民主、政体的民主集中制和政道的共识民主，是一种"可治理的民主"。中国共产党所体现的党性与人民性的统一，保障了人民民主是中国民主道路的唯一正确选择。作为一国政治制度重要内容的民主制度必须扎根本国社会土壤，盲目移植西方民主制度，轻者造成无效治理，重者导致国家动荡。

革命建设时期，党组织人民、解放人民，确立了人民民主和民主集中制，人民真正实现了当家作主。毛泽东开辟了人民本位、民主集中制、协商性政治制度等党的传统，领导创造了许多以协商为主要精神、遵循民主集中原则的制度，建立起"商量政府"。

首先是强调人民本位。如革命主体的人民性，推翻旧社会的动力和创造新社会的动力都是人民。在《湖南农民运动考察报告》中，毛泽东就找到了中国革命的核心问题——革命主力问题，认为民主是有力量的："孙中山先生致力国民革命凡四十年，所要做而没有做到的事，农民在几个月内做到了。"[③] 在"窑洞对"中，他自信地说，跳出历史周期率的新路是民主。

---

① 习近平．在庆祝中国共产党成立 100 周年大会上的讲话．北京：人民出版社，2021：12.

② 习近平：中国的民主是一种全过程的民主．(2019－11－03)．http：//www.gov.cn/xinwen/2019－11/03/content_5448083.htm.

③ 毛泽东．毛泽东选集：第 1 卷．2 版．北京：人民出版社，1991：15.

又如革命过程的人民性。无组织的中国人民长期是一盘散沙，人民内部存在各种各样的利益诉求和次级认同，如果没有政党通过政治纲领和组织动员对人民进行团结和教育，革命只会是暂时的、应激性的、局部的。党应当“教育每一个同志热爱人民群众，细心地倾听群众的呼声；每到一地，就和那里的群众打成一片……在群众出于内心自愿的原则之下，帮助群众逐步地组织起来”①。

再如革命结果的人民性。“民主革命”不仅是制度、机构变迁，而且是社会经济结构革命。土地革命战争时期在中国农村推翻“族权”“神权”“男权”的移风易俗，新中国成立之初的生产资料所有制变革，社会主义现代化建设时期的初等教育普及、公共医疗服务普及、基础设施建设改善，根本性地改变了旧中国的落后局面。

其次，毛泽东在斗争中奠定了民主集中制组织原则。要让人民本位落实到实践中需要组织价值，这就是民主集中制。土地革命战争时期，一方面，他发现民主建政、建军大大提升了红军战斗力：“官长不打士兵，官兵待遇平等，士兵有开会说话的自由，废除烦琐的礼节，经济公开。”而且红军在民主教育下自觉政治化了：“昨天在敌军不勇敢，今天在红军很勇敢，就是民主主义的影响。”另一方面，他也发现“自下而上的民主集中”无助于人民长远利益：“一哄而集的群众会，不能讨论问题，不能使群众得到政治训练，又最便于知识分子或投机分子的操纵。”“要指出极端民主化的危险，在于损伤以至完全破坏党的组织，削弱以至完全毁灭党的战斗力，使党担负不起斗争的责任，由此造成革命的失败。”② 民主集中制

---

① 毛泽东．毛泽东选集：第 3 卷．2 版．北京：人民出版社，1991：1095.

② 毛泽东．毛泽东选集：第 1 卷．2 版．北京：人民出版社，1991：65，72，88.

供给了获取大众信任的体制吸纳力，发展了保持党的团结的制度整合力，保障了集中资源统一行动的政策执行力，让党在幼年时就具备了在艰难环境中生存发展的制度竞争力。

最后，如果说在斗争中民主集中制保证了高效，那么在治理中协商民主巩固了团结。协商民主保证了党的影响能够广泛深入群众，将各个先进阶级吸纳进政治协商进程。长征结束后，党在延安局部执政需要“商量着来”。“三三制”要求抗日民主政权在保证共产党员领导地位的同时“共产党员占三分之一，非党的左派进步分子占三分之一，不左不右的中间派占三分之一”[①]。毛泽东曾指示共产党员必须与党外人员民主合作，和他们一起共同商量问题与决定问题，共同遵守民主集中制[②]。“一个人搞不完全，要依靠大家来搞，这就是我们党的领导方法。”[③] 这种审慎务实、谋求共识的协商态度促成了新民主主义的诞生，新民主主义共和国既与欧美资本主义共和不同，又与苏联无产阶级专政不同，是中国自身环境土壤下各先进阶级民主协商的制度。

党的十一届三中全会开创了中国特色社会主义道路。改革开放大大调动了人民作为国家主人建设国家、改善社会的积极性，协调了民主、法治和权威的关系，并为中国特色社会主义民主政治奠定了物质基础。邓小平关注民主的物质基础、环境限制等条件性要素，充满审慎、灵活、平衡的政治智慧，反对无法治的“无产阶级专政”和脱离群众的“资产阶级自由化”西式民主，发展服务建设和稳定的共识民主、协商民主、可治理

① 毛泽东．毛泽东选集．第2卷．2版．北京：人民出版社，1991：742.
② 中共中央文献研究室．毛泽东文集：第2卷．北京：人民出版社，1993：394-398.
③ 中共中央文献研究室．毛泽东文集：第3卷．北京：人民出版社，1996：398.

民主。

首先，邓小平以法治规范民主。改革开放之后，党的领导、人民当家作主、依法治国的有机统一被确立为中国特色社会主义民主政治的基本原则。民主有助于激发党内外的积极性，但需以民主集中制引导。为了巩固民主集中制，邓小平提出以法制规范民主，使之有序服务发展："民主和法制实际上是一件事情。……没有法，他就乱搞，确实不行。""要制定一系列的法律、法令和条例，使民主制度化、法律化。"① "社会主义民主和社会主义法制是不可分的。不要社会主义法制的民主，不要党的领导的民主，不要纪律和秩序的民主，决不是社会主义民主。"②

一些民主制度不能走向善治，重要原因就是抛去了权威。现代民主政治不过百年，权威则是人类几千年都离不开的制度结构，权威产生秩序，秩序之上才有生存和发展。如果民主性政治湮灭了权威性政治，民主就会成为洪水猛兽。在现代性社会中，民主在合法性上越发重要，但社会分化和利益冲突也越发剧烈，必须与权威进行制度整合。而片面强调权威不能解决公权力滥用问题，因此必须以法治规范其正当性。可以说，权威为民主提供基础，权威和民主共同受到法治约束。

其次，邓小平以发展巩固民主。邓小平指出贫穷不是社会主义，将党的工作中心转到经济建设上来，通过解放生产力彰显制度优越性，这种以民主促进发展、以发展巩固民主的模式体现出人民民主是一种负责任的真实民主。

---

① 中共中央文献研究室．邓小平年谱：1975—1997：上．北京：中央文献出版社，2004：394，699.

② 中共中央办公厅秘书局资料室．邓小平论党的建设．北京：人民出版社，1990：167.

邓小平常提到通过经济发展彰显社会主义的优越性："如果在一个很长的历史时期内，社会主义国家生产力发展的速度比资本主义国家慢，还谈什么优越性?"[①] 中国古代儒家民本政治的理想是仁政，基础是养民、富民；政治最基本的合法性是好治理，这个简单的道理却常被忽视。

为了"富起来"需要实行民主调动积极性，尊重人民首创精神。邓小平指出："调动积极性是最大的民主。"[②] "没有民主就没有社会主义，就没有社会主义的现代化。"[③] 家庭联产承包责任制、乡镇企业都是农民自己创造的，改革开放的奇迹很大程度上来自发挥人民首创精神。

人民首创精神加上民主集中制，形成一种"有组织的活力型社会"，免于"否决型政体"的低效和"党争民主"的动荡，能够集中精力搞建设："社会主义国家有个最大的优越性，就是干一件事情，一下决心，一做出决议，就立即执行，不受牵扯。""如果政策正确，方向正确，这种体制益处很大，很有助于国家的兴旺发达，避免很多牵扯。"[④]

如果民主不能落实在人民生活水平、中国综合国力、民族国际地位的提升上，就难以证明"社会主义的优越性"。好治理本身就是一种合法性，"富民"需要民主"放权"，"安民"需要权威"止乱"，民主和权威以法治规范，在这种平衡中，中国实现了兼顾经济增长和社会稳定的奇迹。

党的十八大以来，党中央坚持以人民为中心的发展思想，在促进共同富裕、实现公平正义、人民共享发展成果等问题上取得巨大成就，有效保证了人民当家作主、增强了党和国家活力、调动了人民积极性。民本秩序

---

① 邓小平．邓小平文选：第 2 卷．2 版．北京：人民出版社，1994：128.

② 邓小平．邓小平文选：第 3 卷．北京：人民出版社，1993：242.

③ 同①168.

④ 同②240，220.

和资本秩序在民主价值上的不同，直接表现为中国特色社会主义民主政治和西方自由主义党争民主在国家治理能力和治理绩效上的巨大差异。

民主与现代化紧密相连。现代化目标美好，过程却充满风险，随着政治参与扩大、市场经济发展、意识形态传播迅速，国家不得不处理多样关系，如横向的党政关系、行政—立法—司法关系、政府市场关系、民族关系，纵向的央地关系、国家—社会关系，每一对关系的处理都挑战着国家获得社会认同的体制吸纳力、协调多维权力关系的制度整合力、决策落地的政策执行力。

首先，协商精神贯穿民主全过程，有极强的体制吸纳力。党的十九届四中全会强调，要“构建程序合理、环节完整的协商民主体系，完善协商于决策之前和决策实施之中的落实机制，丰富有事好商量、众人的事情由众人商量的制度化实践”[①]。2019 年习近平总书记在上海考察时指出：“人民民主是一种全过程的民主，所有的重大立法决策都是依照程序、经过民主酝酿，通过科学决策、民主决策产生的。”[②] 人民民主的真谛是有事好商量、众人的事情由众人商量，找到全社会意愿和要求的最大公约数[③]。

协商民主有广泛的代表性，中国共产党与人民建立的血肉联系非西方选举周期性的空头支票可比。多项世界权威数据显示，在民众对政府的信任度、对制度的认同度、对政府治理能力的满意度等几个关键指标上，中国均排在世界前列[④]。人民信任政府，是因为党的人民性使得党没有自己

① 中国共产党第十九届中央委员会第四次全体会议文件汇编．北京：人民出版社，2019：30.

② 本书编写组．习近平的小康情怀．北京：人民出版社，2022：434.

③ 中国共产党的历史使命与行动价值．人民日报，2021－08－27.

④ 如根据全球最大公关咨询公司爱德曼发布的《2022 年度爱德曼信任晴雨表》报告，2021 年中国民众对政府的信任度高达 91%，同比上升 9 个百分点，位列全球第一。在国家综合信任指数方面，中国则高达 83%，同比增长 11 个百分点，居全球首位。

的特殊利益："中国共产党始终代表最广大人民根本利益，与人民休戚与共、生死相依，没有任何自己特殊的利益，从来不代表任何利益集团、任何权势团体、任何特权阶层的利益。"[①] 自由主义民主只代表社会既得利益集团，是金钱、权力、意识形态的闭环。

协商民主塑造共识而不制造对立和分裂。全过程人民民主是全方位、多层次的协商民主。不论事关国计民生的国家立法、大政方针，还是微观的乡村治理、社区治理，协商民主都贯穿全政治过程之中，完全不同于靠一次选举定胜负、制造分裂的党争民主。与之相反，竞争性选举是一套分裂型机制，选举看大选，大选由谁组织？政党。政党由什么构成？是阶级、宗教、种族。竞争性选举必然造成党争，变成宗教、种族斗争的合法平台，走向没有协商余地的认同政治、身份政治。"占领国会山"标志着美式民主彻底走下神坛，党争民主在"灯塔国"尚且如此，在第三世界有怎样的表现，可想而知。

其次，中国民主遵循民主集中制，具有极强的制度整合力。民主集中制是中国共产党的根本组织原则和领导制度，被视为规范党内政治生活、处理党内关系的基本准则，可以说是党最大的制度优势，而中国的制度优势就集中体现在保障人民民主道路的民主集中制制度上。自由主义民主讲的只是一种社会权利或者个人权利，以少数寡头垄断的社会民主掩盖了大众失声的真相。资本主导政府，社会对立，结果是"否决型政体"，国家在关键性发展议题上面对无数对立关系、冲突节点而寸步难行，与封建制、部落化无异。

---

① 习近平．在庆祝中国共产党成立100周年大会上的讲话．北京：人民出版社，2021：11-12.

民主集中制既讲民主权利又讲国家集权，促使各国家机关形成合力，防止相互掣肘。民主集中制使民主更真实有力，习近平总书记将贯彻民主集中制看作全党责任，2018 年 12 月他在中共中央政治局民主生活会上指出："把充分发扬党内民主和正确实行集中有机结合起来，既可以最大限度激发全党创造活力，又可以统一全党思想和行动，有效防止和克服议而不决、决而不行的分散主义，是科学合理而又有效率的制度。"①

民主与集中的平衡是民主与权威的均衡。民主是现代性政治的象征，权威则是人类几千年依赖的基本结构，好政治必然是现代性与传统性的统一、民主与权威的均衡，民主集中制原则正是这一原理的体现。习近平总书记指出："民主集中制包括民主和集中两个方面，两者互为条件、相辅相成、缺一不可。"②当然，权威和民主都需要法治约束，否则可能走向权力泛滥或者民粹政治，应提倡法治化的民主集中制。

最后，中国民主植根优秀传统文化基因，具有强大的政策执行力。政策执行首先取决于制度整合力保证的政策制定与执行的协商，其次取决于公务员队伍的专业化程度和文化素养。中国的政策执行力和社会组织度冠绝全球，很大程度上是因为中国是理性官僚制的故乡，有数千年理性化国家组织经验，士大夫政治传统又保证了中国公务员队伍的高素质。

执行力根本上来自党的领导，这通过民主集中制保障。习近平总书记在十八届中央纪委三次全会上指出："党是我们各项事业的领导核心，古人讲的'六合同风，九州共贯'，在当代中国，没有党的领导，这个是做

---

①② 树牢"四个意识"坚定"四个自信"坚决做到"两个维护"勇于担当作为 以求真务实作风把党中央决策部署落到实处．人民日报，2018－12－27.

不到的。"[1] 凡是党中央权威和集中统一领导坚持得好，党的事业就兴旺发达；反之，党的事业就遭受挫折。中国自古就有大一统和民本政治的价值理念，与之相匹配发展了中央集权、士人政府、天下体系等政治文化认同，要求公权力代表人民、服务人民、教育人民、对民负责，与党的领导、民主集中有很强的亲和力。

此外，中华民族的"和合"文明基因包含丰富的"协商民主"色彩，协商性制度安排渗透于古代中国各层面政治实践。上层有廷议和言官集思广益、制约皇权，中层有学校和书院议政，基层有祠堂家族公议。可以说，协商政治是内嵌于中国历史的最古老、最持久的政治传统。世界观宇宙观上，西方二元对立，而中国讲"和实生物，同则不继"，不同事物冲突融合而产生万物。价值观上，"和为贵"是中国人评价事物的根本价值取向。道德观上，追求上下、左右都比较和谐。"和"是中华民族一以贯之的文化理念和文化实践，是中国历史文化的核心内涵。文化是政治的土壤，是政治成功的根本原因，政治则是文化的实现形式并延续文化的生命力。"和合文化"孕育协商政治，协商政治则保障了文化的和合性以及由此而来的和谐社会。

因为人民民主，中国能够实现较短时间内近 1 亿人口脱贫的伟业，让共同富裕取得实质性进展，让全体人民共享发展成果，成为"最公平的国家"；能够在抗疫过程中让各级政府、社会各单元凝聚共识，把人民生命放在第一位，展现强大的组织动员能力、资源调动能力，在回应人民呼声的同时保持国家自主，成为"最安全的国家"；能够在全世界生产价值链

① 中共中央文献研究室．十八大以来重要文献选编：上．北京：中央文献出版社，2014：772.

濒临崩溃、经济全面倒退的环境下维持“双循环”，成为全球主要经济体中“唯一正增长的国家”；能够在世界各个大国社会失序、政局动荡、分裂对立的趋势中保持国家与社会、国家内部、社会各方的和谐合作，成为“最团结的国家”。

财富增长、民生改善、共享发展、政治稳定、社会和谐，中国奇迹的背后是政治体制的竞争力，好的政治体制需要正确的价值判断（即政治认知力）定向，需要具备亲和性的政治文化（即文明基体）衔接，消除制度体系与治理能力之间的空档。治理能力的发展使民主真实有效，民主价值的正本清源使治理能力的发展以人民为中心、惠及全体人民。民主集中制创造了强大的组织力和领导力，这项原则的迭代与进化在不断适应形势发展变化中推动国家实现有效治理；协商政治根植于中华文明基因，保障了文化的和合性以及由此而来的和谐社会。社会主义民主政治与中国国情高度契合，有效引导社会各方面有序参与政治生活，极大调动了社会各界的主动性、创造力，是中国社会发展和秩序公正的坚强保证，是中国制度竞争力的重大优势。

第二章

国家治理体系的历史连续性

当代中国政治是对既有政治学理论的重大挑战，基于“理性人”假设的“政治科学”对中国前途的观察一错再错[①]。基于中国政治史的历史政治学，不但是观察问题的认识论和方法论，其本身还具有本体论意义。在历史政治学这里，当代中国政治不但是中华文明基体的自然延续，新中国70多年也是前后连续性统一性的政治发展过程。历史政治学堪称为中国政治发展而量身定做的一种研究路径，作为案例的中国政治发展研究也使得历史政治学更有学术价值和学科意义。

第一节
治理：中国式现代化的关键词

回顾党的十八大以来我国政治领域的建设成果，国家治理体系和治理能力现代化可以被视为中国式现代化整体布局的枢纽、核心和线索；展望党的二十大之后的新征程，国家治理体系和治理能力现代化也必然是未来中国式现代化各项工作的不竭动力和牢固基础。

习近平总书记指出：“新时代改革开放具有许多新的内涵和特点，其中很重要的一点就是制度建设分量更重，改革更多面对的是深层次体制机

① 黄明翰，黄彦杰．西方“中国观察”的沧桑历程．联合早报，2013-04-08.

制问题，对改革顶层设计的要求更高，对改革的系统性、整体性、协同性要求更强，相应地建章立制、构建体系的任务更重。新时代谋划全面深化改革，必须以坚持和完善中国特色社会主义制度、推进国家治理体系和治理能力现代化为主轴，深刻把握我国发展要求和时代潮流，把制度建设和治理能力建设摆到更加突出的位置，继续深化各领域各方面体制机制改革，推动各方面制度更加成熟更加定型，推进国家治理体系和治理能力现代化。”①

“治国安邦”是传统中国政治的理想抱负，“治理”绩效也一直是改革关怀。四十多年的改革开放为国家治理体系和治理能力现代化打下了坚实的基础，更深刻、更系统、更全面的改革也对国家治理体系和治理能力现代化提出了进一步的要求。在这一过程中，人们对“治理”问题的认识也不断得到深化。

党的十八届三中全会首次提出“推进国家治理体系和治理能力现代化”这个重大命题，并将“完善和发展中国特色社会主义制度，推进国家治理体系和治理能力现代化”作为深化改革的总目标。习近平总书记在十八届三中全会第二次全体会议上对国家治理体系和治理能力的内涵作出了更为全面的界定，指出：“国家治理体系和治理能力是一个国家制度和制度执行能力的集中体现。国家治理体系是在党领导下管理国家的制度体系，包括经济、政治、文化、社会、生态文明和党的建设等各领域体制机制、法律法规安排，也就是一整套紧密相连、相互协调的国家制度；国家治理能力则是运用国家制度管理社会各方面事务的能力，包括改革发展稳

① 中国共产党第十九届中央委员会第四次全体会议文件汇编．北京：人民出版社，2019：74.

定、内政外交国防、治党治国治军等各个方面。国家治理体系和治理能力是一个有机整体，相辅相成，有了好的国家治理体系才能提高治理能力，提高国家治理能力才能充分发挥国家治理体系的效能。”①

党的十九届三中全会审议通过了《中共中央关于深化党和国家机构改革的决定》《深化党和国家机构改革方案》，提出深化党和国家机构改革是推进国家治理体系和治理能力现代化的一场深刻变革。党的十九届四中全会以“推进国家治理体系和治理能力现代化”为主题，全会审议通过的《决定》对坚持和完善中国特色社会主义制度、推进国家治理体系和治理能力现代化作出顶层设计和全面部署，深入回答了在我国国家制度和国家治理体系上应该“坚持和巩固什么、完善和发展什么”这个重大政治问题，为政治学研究者提出了广泛的研究课题。

党的十九届四中全会深入阐述了“制度”和“治理”的有机关系，指出“我国国家治理一切工作和活动都依照中国特色社会主义制度展开，我国国家治理体系和治理能力是中国特色社会主义制度及其执行能力的集中体现”，提出了“把我国制度优势更好转化为国家治理效能”② 的要求。一方面，“治理”是“制度”的追求。如果说“制度”是相对稳定的，那么“治理”更富有回应社会需求和时代变迁的弹性；如果说“制度”是国家内部的“法度”建设，那么“治理”是老百姓日常生活中能实实在在感受到的“实效”。另一方面，“制度”是“治理”的保障。没有行之有效、持之以恒的制度建设，治理成果也只是昙花一现；没有制度建设的上层设

---

① 中共中央文献研究室．十八大以来重要文献选编：上．北京：中央文献出版社，2014：547－548．

② 中国共产党第十九届中央委员会第四次全体会议公报．北京：人民出版社，2019：3－4，7．

计、通盘考量，治理成果很容易成为局限于个别群体的利益交换，难以达到民主协商之后的社会普遍受益。

党的十九届四中全会《决定》系统总结了我国国家制度和国家治理体系 13 个方面的显著优势，指出了制度建设 13 个方面的坚持和完善，提出了坚持和完善中国特色社会主义制度、推进国家治理体系和治理能力现代化的总体目标，展现出高度的理论自信和制度自信。“中国之治”不仅仅要从否定性层面回答“西方哪里做错了”，而且要积极主动地从肯定性层面回答“中国哪里做对了”。如果说盲目移植西方制度的后果是“无效民主”甚至“政治衰朽”，那么中国的制度和治理如何供给了“有效民主”和“政治发展”？答案不仅中国需要，世界也需要。

党的十九届四中全会《决定》还特别提出了中国之制、中国之治的文明之维。中国特色社会主义制度和国家治理体系不仅“以马克思主义为指导”，而且“植根中国大地、具有深厚中华文化根基”；不仅“能够持续推动拥有近十四亿人口大国进步和发展”，而且“确保拥有五千多年文明史的中华民族实现‘两个一百年’奋斗目标进而实现伟大复兴”①。制度是否能够产生实效并产生持久的生命力，很大程度上取决于制度是否能与国情民情具备兼容性，是否能与民族文化情感具有亲和性。例如，产生共识的协商政治根植于中华文明基因，“和合文化”孕育了协商政治，这保障了文化的和合性以及由此而来的和谐社会。中国共产党一以贯之地秉承着协商民主原则。正如抗疫成功所展示的那样，社会主义民主政治制度植根中国大地，与中国国情具有高度契合性，能够有效引导社会各方面有序参与

① 中国共产党第十九届中央委员会第四次全体会议公报．北京：人民出版社，2019：4，5.

政治生活，有效调动社会各界的主动性、创造力，自然富于生命力，便于为民众所接受，实现优秀的治理绩效。

在中国未来的发展新蓝图上，国家治理体系和治理能力现代化也扮演了极为重要的角色。党的十九届五中全会审议通过开启全面建设社会主义现代化国家新征程的纲领性文件《中共中央关于制定国民经济和社会发展第十四个五年规划和二〇三五年远景目标的建议》。全会将“国家治理体系和治理能力现代化加快推进”作为“十三五”时期的重要成绩，将“制度优势显著，治理效能提升”作为我国进入高质量发展阶段的优势和条件之一，将“基本实现国家治理体系和治理能力现代化，人民平等参与、平等发展权利得到充分保障，基本建成法治国家、法治政府、法治社会”作为到 2035 年基本实现社会主义现代化远景目标之一，将“国家治理效能得到新提升。社会主义民主法治更加健全，社会公平正义进一步彰显，国家行政体系更加完善，政府作用更好发挥，行政效率和公信力显著提升，社会治理特别是基层治理水平明显提高，防范化解重大风险体制机制不断健全，突发公共事件应急能力显著增强，自然灾害防御水平明显提升，发展安全保障更加有力，国防和军队现代化迈出重大步伐”列为“十四五”时期经济社会发展主要目标之一①。可见，在政府—市场、国家—社会、安全—发展、制度健全—治理有效等诸多关系中，都存在国家治理体系和治理能力的提升空间。只有国家治理体系和治理能力提升了，才能更好地把握发展机遇、防范重大风险、提升群众的获得感和尊严感。

---

① 中共中央关于制定国民经济和社会发展第十四个五年规划和二〇三五年远景目标的建议．人民日报，2020-11-04.

值得注意的是，习近平总书记特别强调“贯彻落实党的十九届五中全会精神要同贯彻落实党的十九届四中全会精神紧密结合起来”，国家治理体系和治理能力提升可以更好地保障党对社会主义现代化国家建设的全方位领导，并为社会主义现代化国家建设提供更强大的领导力“传动机制”。要确保全面建设社会主义现代化国家开好局、起好步，必然要求加强党对社会主义现代化建设的全面领导，而这又要求“不断推进国家治理体系和治理能力现代化，推动党对社会主义现代化建设的领导在职能配置上更加科学合理、在体制机制上更加完备完善、在运行管理上更加高效”①。要实现国家的有效治理，仅有自下而上的参与式民主、选举式民主是远远不够的，这不仅是因为参与者的能力、力量有强弱之分——强势集团的诉求往往更容易得到实现，而且因为作为一种政治制度的民主不仅是民众的事，还是作为国家权力的代表者政党或者政府的事，只有有效回应民众诉求的政治过程最终才能实现有效治理。历史地看，不同于英国、美国、法国等早发现代化国家，中国的政党不是宪政体制的产物，而是国家危机的产物；不是国家秩序产生了政党，而是政党建构了国家秩序。政党创建了军队，并建立了新的国家秩序，由此产生了国家秩序内的代议机构、政府和社会团体。在中国现代化过程中独特的制度变迁路径中，政党是国家制度变迁的主导者，政党的领导力对国家现代化至关重要。

党的二十大对新时代新征程全面建设社会主义现代化国家、全面推进中华民族伟大复兴的一系列重大决策作出整体部署，具有特殊的历史地位

① 习近平在省部级主要领导干部学习贯彻党的十九届五中全会精神专题研讨班开班式上发表重要讲话．(2021－01－11)．http：//www. qstheory. cn/yaowen/2021－01/11/c_1126970872. htm.

和深远的历史意义。

就外在关系看，在国家与社会的关系方面，党的二十大报告将“发展全过程人民民主”作为中国式现代化的本质要求之一。在政治治理议题方面，与党的十九大报告相比，党的二十大报告中民主政治建设部分的一级标题明确表述为“发展全过程人民民主，保障人民当家作主”。尤其值得注意的是“人才”、“法治”和“安全”在篇章结构中位置的调整，“实施科教兴国战略，强化现代化建设人才支撑”、“坚持全面依法治国，推进法治中国建设”和“推进国家安全体系和能力现代化，坚决维护国家安全和社会稳定”三个新进独立成为一级标题的板块，体现出国家治理体系和治理能力现代化的规划雄心和决心。徒善不足以为政，徒法不能以自行，培养人才才能为治理提供人才支持，培养源源不断的生力军；没有法治的系统化、制度化、规范化建设，“运动式治理”不能日常化为各层次、各领域的稳定的制度关系，一时的治理成果不能保障长治久安；在基层社会和国际社会的“丛林状态”中构建和平、稳定，从而为发展繁荣和其他政治文明价值奠定基础，是国家建构的原初政治需求和基础价值取向，国家安全和社会稳定既是治理体系和治理能力现代化的基础，又是其追求。

就内在关系看，在党的自我建设层面，二十大报告提出“以党的自我革命引领社会革命”的深刻命题。党的十九届六中全会审议通过的《中共中央关于党的百年奋斗重大成就和历史经验的决议》将“自我革命”凝练为中国共产党跳出治乱兴衰的历史周期率的第二个正确答案，党的二十大报告则将党的自我革命与社会革命联系起来。回顾党的历史和中国近现代史，党的自我革命与中国的社会革命始终是两条具有内在发展逻辑且深刻相互交织的线索，党的二十大在这一问题上表现出了更高的历史自觉与实践自觉。中国共产党是中国特定历史时期社会矛盾的时代产物，也随着社会矛盾的变迁而发展，在革命、建设、改革的不同历史时期主动地顺应、回应和推动社会变革，不仅引领了“国家政治革命”，而且组织群众进行了更为彻底的“社会经济革命”。要促使党的“自我革命”更好引领“社会革命”，必然要求国家治理体系和治理能力的转型升级。在党的建设方面，以党内治理提升党的战斗力、凝聚力和组织力，使得执政党在“变”的维度上拥有与时俱进的适应能力、更好面临新的挑战，在“常”的维度上始终保持人民性的政治基础和对国家现代化各项事业的有力领导，为国家治理体系与治理能力的转型升级供给持久的动力和坚强的核心。

可以说，新时代一开始就为中国提出了“国家治理现代化”的时代命题，党的十八大以来的改革历程也围绕这一命题交出了一份杰出的答卷。“国家治理现代化”这一命题的提出，大大激发了学术界对国家治理体系和治理能力研究的兴趣。在这一过程中，不仅党的领导能力、全过程人民民主、法治、行政效率、协商政治、国家安全、机构改革等各个方面得到了系统性、全面性、有计划的发展，而且人们对国家治理体系和治理能力现代化的认识不断加深，对其理论重要性也更为关注、不断提升，展现出一种理论自觉、实践自觉和历史自觉。认识中国，理解“善治”背后的制度设计逻辑和政治文化传统，对于推进全球治理将是很重要的贡献。

第二节
认识中国政治的方法论

一、“理性人”假设与二分法的谬误

如何解释当代中国政治发展，是中外政治学的重大议程，也是对既有政治学理论的重大挑战。新中国成立70多年来，西方一直在以自己的观念乃至研究范式去判断中国的前途，结果都是一错再错①。表面上的原因是，西方新闻界和学界奉行“民主—非民主”二分法，认为凡是不符合西式民主的政治道路和政治制度，早晚都会出问题乃至国家失败，必然出现“民主转型”。在这个意义上，“历史终结论”事实上早就存在于西方人心中，只不过福山戳破了这层窗户纸。“阿拉伯之春”演变为“阿拉伯之冬”以及很多国家“民主回潮”的世界政治现实，给予对立性二分法的回应是残酷的，为此有务实的西方学者呼吁“转型范式的终结”②，即不能再用二分法基础上的“民主转型学”去认识世界政治。然而，对于西方学界而

---

① 黄明翰，黄彦杰．西方“中国观察”的沧桑历程．联合早报，2013-04-08.

② 卡罗瑟斯．转型范式的终结//杨光斌．比较政治评论：2014第1辑总第3辑．北京：中国社会科学出版社，2014.

言，要做到这一点是非常困难的，因为他们生存于其中的资本主义社会或者市场社会就是自利的个人主义的产物，他们不能不以个人主义作为衡量一切政治关系的标准。在此基础上，西方社会科学建立在“理性人”假设基础之上，这源自霍布斯。在霍布斯看来，国家的最基本成分是人，要认识国家，首先要认识“人性”，理解了人性，然后一切问题就迎刃而解了；人是理性的自利人，这是科学的人性分析，基于“理性人”假设的“政治科学”由此诞生。

霍布斯的“政治科学”既偏离了西方国家的古典政治学传统，也与很多非西方国家的政治传统无关。如果说理解了“人性”就使得国家学即政治学成为科学，那么奉行科学的人类就不该有那么多非理性的政治灾变。“理性人”假设可以在一定程度上解释以个体为行为主体的经济生活，但很难解释以群体为行为主体的政治生活，个体的理性之和不等于群体的理性行为，因此才有美国白人对印第安人的事实性种族灭绝，才有选举产生的墨索里尼和希特勒，也才有英国的脱欧公投成功。基于“理性人”假设的“政治科学”，既不能解释人类经历的如此多的不堪，更不能为人类的未来指点迷津。在国际关系理论中，现实主义的“无政府状态”假设被认为来自霍布斯的“自然状态”假设，但现实主义理论家并不接受霍布斯的“理性人”之说。华尔兹论道：“如果人是完全彻底的理性动物，那么他就会一直按照绝对戒律行事。但他不是。冲突和暴力由人的世俗天性而起。”“蜜蜂和水獭的行为在不能支配下呈现出有规律的模式和可预言的结果。另一方面，纯粹理性世界的公民将按照事先制定的计划行事。鉴于人类行为不属于这两类中的任何一类，‘系统规律的人类历史’看来是不可能的。”[①]

基于“理性人”假设的“政治科学”完全抛弃了历史，尤其是二战之后，行为主义政治学、理性选择主义政治学大行其道，“科学化”变本加厉，基于“理性人”假设的各种量化模式研究如今变成了让人看不懂的、与重大现实问题无关的符号游戏，以至于使得政治学研究偏离了政治现实。

在这种大背景下，哈贝马斯追踪溯源。如果说亚里士多德代表的古典政治观强调的是实践的情境性即历史性，霍布斯则是现代政治观的代表，而现代政治观的第一原则就是非历史性。霍布斯“以科学为依据的社会哲学的要求，其目的是一劳永逸地指明正确的国家秩序和社会秩序的条件。它的论断将不依赖于地点、时间和情况而发挥效力，并且可以不考虑历史状况建立永久性的共同体”[②]。哈贝马斯认为，起源于历史的社会哲学却忘却了历史，社会科学起源于古典政治学，但它已经明显地偏离了古典政治学，因此社会科学的发展需要找回历史传统。在哈贝马斯那里，社会科学是历史—理论—实践的“三统一”，而不是简单地回答理论与现实的关系。

历史是中国人的“宗教”，侵染于悠久文明史中的中国人几乎是与生俱来的历史学家，“历史地看问题”是浸透于中国人血液中的思维方式。由此可以说，基于历史政治学视野的政治观与基于“理性人”假设的政治观有很大的不同。那么，什么是历史政治学？在历史政治学视野下，改革前后的中国政治发展是什么样的关系？新中国政治发展与中国历史是什么关系？历史政治学对于自主性中国政治学意味着什么？这些都是本章力图

---

① 肯尼思·华尔兹．现实主义与国际政治．北京：北京大学出版社，2012：5，9.

② 哈贝马斯．理论与实践．北京：社会科学文献出版社，2010：33.

回答的宏大议程。

二、历史政治学的路径

在阐述这个命题之前，首先得回答为什么需要历史政治学。中国在20世纪50年代废除了政治学，但作为三大原理之一的科学社会主义其实就是马克思主义政治学。改革开放之后恢复政治学，政治学体系基本上等同于科学社会主义的内容，主要讲阶级论、国家论、政府论、政党论、革命论、民族论等。客观地说，这些主题无疑是永恒性的，并不存在过时之说，但内容确实有待与时俱进地发展。在这个空档期，西方政治学，尤其是美国政治学，开始大规模地被引进中国。美国政治学是对来自欧洲的政治学的“革命”，在主题上从国家、宪法等“高政治”研究转向社会、利益集团乃至个人等“低政治”研究，在方法论上形成了非历史性的结构功能主义，以此来研究不同文化、不同地区的政治现代化[①]，其非历史特征达到无以复加的程度。70年代，结构功能主义走向式微，这批学者又适时地转向理性选择主义，一种更加非历史的、信仰“理性人”假设的政治学开始流行。非历史的方法论遇上了“民主化的第三波”，理性的自利人追求民主化成为必然，因而“转型范式”开始流行。在这种“大势”下，最讲究历史思维的一些研究者似乎也开始不那么自信起来，把自由主义民主当作“普世价值”去追求。

理论和方法论的价值在于其对现实政治的解释力。西方国家内部的危机，尤其是非西方转型国家的危机，都对非历史的现代化理论和民主化理

① 阿尔蒙德，等．发展中地区的政治．上海：上海人民出版社，2012.

论构成了严峻挑战，自由主义政治学自身也必须寻找新的出路。美国政治学开始呼吁“把历史带回来”[①]，著名历史社会学家查尔斯·蒂利的《历史为什么、如何重要》(*Why and How History Matters*)，认为如果不依赖于精细的历史分析，解释性政治科学就很难取得进展，因为每一个重大政治现象都鲜活地存在于历史中，因此政治解释必须以历史为背景[②]。其实，早在20世纪80年代就出现了反抗主流理论即理性选择主义的历史制度主义，认为理性选择理论是一套有制度而无历史的研究路径[③]。与此同时，依靠来自历史的实践智慧和制度自主性而累积起来的中国道路中国模式，显然是西方的理论体系和研究方法所不能回答的，需要新的研究路径去解释。我们认为，中国历史下的中国道路中国模式本身也蕴含着丰富的历史政治学，中国人不能抱着金饭碗去讨饭。

那么，到底什么是历史政治学？在某种意义上，历史政治学是历史社会学脉络，即一种历史的社会科学。历史社会学是从历史出发去研究政治经济文化即“总体性社会”，从而得出相应的理论发现；或者将既有的理论体系置于历史语境中去运用，从而检验既有理论的真伪。历史社会学是发现理论和检验理论的研究场域。历史政治学与历史社会学有密切联系，但首先毕竟是中国语境下的一种研究路径，因而又有着自己明确的范畴和

---

① 2000年，美国政治学界“改革先生”(Mr. Perestroika)的公开信引起巨大反响，批评《美国政治学评论》的过分“科学化”倾向，因此美国政治学界开始关注历史的作用。其中，有的研究把历史当作一种背景资料以丰富其量化研究，有的研究提倡“历史转向”，比如《比较政治学研究》2010年第8-9合卷中，Giovanni Capoccia和Daniel Ziblatt提出了“民主化研究的历史转向”。(Giovanni Capoccia, Daniel Ziblatt. The historical turn in democratization studies. Comparative political studies, 2010, 43 (8/9): 931-968.) 但是，美国的研究环境决定了“历史”很难成为美国政治学一般学者的研究议程。

② Charles Tilly. Why and how history matters. Oxford handbooks online, Jul 2011.

③ Harry Eckstein. Unfinished business: reflection on the scope of comparative politics. Comparative political studies, 1998 (31): 505-534.

路径特性。历史社会学的意义主要体现在研究路径或方法论上，而历史政治学不但具有认识论方法论上的意义，而且首先具有本体论上的意义。这是在已经存在成熟的、发达的历史社会学的前提下，我们提出历史政治学的根本原因。可喜的是，在中国政治学界，已经有类似历史政治学路径的研究成果，诸如徐勇教授提出的“祖赋人权”概念和历史延续性视角下的农村调查问题①。基于历史政治学的研究应该形成学术共同体，这就需要首先弄清楚历史政治学到底是什么。

作为本体论的历史政治学。历史政治学中的“历史”是本体论性质的。与其他国家的历史相比较，中国历史首先是一种政治史，其中包含政治思想史、政治制度史、王朝史。中国历史中提出的“政治性”，是其他国家的历史难以比拟的。那么，作为政治史的中国历史到底应该怎么理解？在日本著名中国问题专家沟口雄三看来，中国有中国独自的历史现实和历史展开，这体现于长期持续的种种现象在不同时代里的缓慢变化上，所以中国的现代应该从近代和前近代的关联中来把握。这种历史被称为“中国基体论”②。

一个奇特现象是，中国是唯一历经五千年而不曾中断的文明体，因此中华文明没有“古文明”之说，而其他古文明要么中断、要么消亡了。那么，支撑连续性制度变迁的“基因”有哪些？在笔者看来，中华文明的“基因”至少包括：不变的语言文字；国家大一统思想和治国的民本思想；行政体制的郡县制、官僚制和选贤任能取向；文化上的包容与中庸之道；

---

① 徐勇．祖赋人权：源于血缘理性的本体建构原则．中国社会科学，2018（1）；徐勇．历史延续性视角下的中国农村调查回眸与走向：再论站在新的历史高点上的中国农村研究．吉林大学社会科学学报，2018（3）．

② 沟口雄三．作为方法的中国．北京：生活·读书·新知三联书店，2011：111.

社会生活的自由与自治，以及家庭伦理本位；对外关系上的天下体系；等等。这些“基因”代代相传于、内化于生活在固定疆域内的中华民族血脉中，因而构成了延绵几千年的中华文明共同体，从而可以称中国为“中华文明基体”，即由文明基因而构成的一个共同体。所谓文明基体论，就是生活在固定疆域的族群，在几千年的历史长河中，以恒定的文明信念和生活方式等基因而构成的文明共同体①。就政治层面而言，“中华文明基体”的核心要素可以概括为：大一统的国家观、民本思想的政府观、仁爱为本的社会关系，以及对外关系上的天下观。

“中华文明基体论”本身就是值得研究的政治学，这是“历史”的政治学意义。那么，政治学研究什么呢？无外乎一个国家的政治价值、政治制度和政治行为（利益选择）。一个国家来自历史文明的基因有强有弱，但几乎所有的国家都必须拥有适合的政治价值、政治制度以及相应的行为方式。就中国政治而言，价值选择、制度设计以及行为方式，无不深深受制于既定的“文明基因共同体”。也正是在这个意义上，历史政治学既是过去的政治学，也是当下的政治学。这是历史政治学区别于历史社会学的根本所在。

作为认识论的历史政治学。哈贝马斯把亚里士多德的政治学的历史性称为情境论，其实也就是我们中国人常说的条件论。我们常说的“历史地看问题”，就是看问题发生的条件是什么，这就是认识论意义上的历史政治学。亚里士多德提出的三种正宗、三种变态以及诸多的“亚政体”，都是基于人口结构、产业变化、阶级构成等“条件”或“情境”而分析的，他指出，在一个城邦是最好的政体在另一个城邦就可能是坏政体。近代之

---

① 杨光斌．中华文明基体论：理解中国政治前途的认识论．人民论坛，2016（15）．

后，随着贸易、技术以及文化交流而推动的世界政治的形成，思想家们关于政治的条件论更加丰富了，比如法国人喜欢的“民情论”，马克思著名的“经济基础决定上层建筑”，无不延续着亚里士多德的条件论。即使在冷战时期，具有学者气质的民主理论家比如罗伯特·达尔也曾这样深刻地总结道：“我一再指出，一个国家特定的基础条件和背景条件有利于民主的稳定，如果这些条件过于脆弱或完全缺乏，那么民主是不可能存在的，或者说，即使它存在，也是极不稳定的。”① 这就是中国人说的“水土不服”。“基础条件”相当于现实存在的“土”，“背景条件”相当于历史来源的“水”，因此“水土不服”是在讲历史条件和现实条件。

懂得“水土不服”的道理是中国人的审慎美德，基于“理性人”假设的“历史终结论”是一种狂妄的无知，所以才招致无数的政治灾变。

作为方法论的历史政治学。历史连续性就是作为方法论的历史政治学的要义。历史连续性是一种历史常识即生活常识，但是，这种历史常识是如何形成的呢？我们需要了解历史连续性形成的内在机理。在历史制度主义学派诞生之后，人们关于历史连续性的认知更加接近历史真相，历史分析更加逻辑化乃至“理论化”，这是因为历史制度主义提供了一些分析因果机制的概念②。首先是“时间性”和“关键点”所构成的“时序”概念。在时间性意义上，发生越早的关键性事件，其对后来的制度变迁影响越深远，比如轴心文明时代形成的思想和制度塑造了后来的思想路线和制度轨迹。其次，早发生的关键性事件会变成制度安排，通过自我强化，结果是报酬递增，最终形成路径依赖乃至路径锁定。再次，历史连续性不仅存在

① 罗伯特·达尔．论民主．北京：中国人民大学出版社，2012：124.
② 杨光斌．比较政治学：理论与方法．北京：北京大学出版社，2016：127－158.

于渐进的制度变迁中，即使制度突变，也很难剔除“文明基体论”意义上的制度与思想乃至行为方式，这些是被大量的比较历史研究所证实的，也是一种生活常识。

作为本体论、认识论和方法论的历史政治学，对于从总体上理解中国政治发展的合理性合法性，无疑是一种新的研究路径。不仅如此，历史政治学还能理论化地解释新中国改革开放前后的历史连续性。

第三节
作为中华文明基体延续的当代中国国家治理体系

百年来，中国的政治形态与社会形态发生了巨大变化，但是历史的血脉和基因并未因此而隔断，历次的制度变化依然没有割断五千年文明史。习近平总书记提出的“四个讲清楚”，是非常需要深入研究的思想性命题或者重大的政治议程①。习近平指出：“宣传阐释中国特色，要讲清楚每个

① 无论在哪一个国家，官方的命题都是值得重视、需要研究的政治议程，因为官方的背后有一个强大的执政集团，官方的命题或者体现了执政集团的智慧，或者是执政者需要回答或者解决的问题。因此，社会科学不可以以“学术”之名而与“官方”保持所谓的距离。一定要认识到，社会科学本质上就是政策学，因为社会科学是回答重大现实性问题的学问，官方的命题往往是最重要的现实性问题。对于现实性重大议程，既可以采取基于理想主义的批评，也可以采取基于现实主义的护卫，但是二者都应该是建设性的，而不是否定性的。二战后的美国政治学，其实就是冷战学，都是护卫性论说。中国社会科学，尤其是政治学，更不应该偏离护卫性方向。

国家和民族的历史传统、文化积淀、基本国情不同，其发展道路必然有着自己的特色；讲清楚中华文化积淀着中华民族最深沉的精神追求，是中华民族生生不息、发展壮大的丰厚滋养；讲清楚中华优秀传统文化是中华民族的突出优势，是我们最深厚的文化软实力；讲清楚中国特色社会主义植根于中华文化沃土、反映中国人民意愿、适应中国和时代发展进步要求，有着深厚历史渊源和广泛现实基础。”① 他还指出：“一个国家选择什么样的治理体系，是由这个国家的历史传承、文化传统、经济社会发展水平决定的，是由这个国家的人民决定的。我国今天的国家治理体系，是在我国历史传承、文化传统、经济社会发展的基础上长期发展、渐进改进、内生性演化的结果。”②

对于这些命题和议程，无疑可以从多角度尤其是历史分析的角度去研究和理解，我们认为，历史政治学是一个更恰切的观察视野和研究路径。目前中国所选择的道路与制度、所从事的国家治理现代化，都是中华文明基体的政治性部分，是中华文明基体的一种自然延续，这鲜明地体现在国家一统、政治价值、政治制度、社会形态与对外关系上。限于主题和篇幅，本节不讨论社会形态和对外关系。

一、国家一统

文明的存在取决于文明载体——文明体系中的核心国家的存在。没有核心国家，文明便会消亡，正如历史上很多古文明的命运一样。也就是说，中华文明基体的命运取决于中国，维持中华文明基体的“以文载道、

① 习近平．习近平谈治国理政：第1卷．2版．北京：外文出版社，2018：155－156.
② 同①105.

传道”的文教传统[①]依靠中国国家实体而存亡，这个国家实体必须是历史上的大一统国家或是统一的。中国大一统的历史和思想为世界和平提供了经验和样板，池田大作和汤因比如此感叹道：“就中国人来说，几千年来，比世界任何民族都成功地把几亿民众，从政治文化上团结起来。他们显示出这种在政治、文化上统一的本领，具有无与伦比的成功经验。这样的统一正是今天世界的绝对要求……世界统一是避免人类集体自杀之路。在这点上，现在各民族中最有充分准备的，是两千年来培育了独特思维方法的中华民族。”[②] 世界史告诉我们，一统带来和平，多统带来战争和乱世。

众所周知，晚清之后，大一统曾面临根本性挑战，殖民地半殖民地状态和北洋军阀“城头变换大王旗”，让中国处于四分五裂之中。这事实上意味着，当传统的国家组织者即皇帝不再起作用的时候，军阀更担当不起这个重担，国家需要新的组织者。在比较政治发展脉络上，先后有英美式的商人集团所组织的国家、德日式的官僚制所组织的国家，而这两种政治力量在20世纪上半叶的中国处于缺位状态。这样，政党就适时地成为国家的组织者。但是，国民党事实上是军阀政治的延续，其内部的碎片化状态决定其难堪大任，组织国家的重任历史地落在中国共产党肩上。中国共产党不负使命，领导其具有特殊政治理想的武装集团，取得了新民主主义革命的胜利，建立了新中国。相对于早发达国家的“民族国家”即一族一

---

① 中华文明中的文教传统是维持大一统中国最为深厚的力量，因此即使是满族的统治者本身，最后也通过文教传统而汉化或中国化。清朝的第一个皇帝顺治帝的《御制资政要览》就要求清朝官员服膺儒家的规范。（汪祖荣．“新清史”的几个论点与起源．东方学刊，2019（1）．）仅此而言，“新清史”所谓以民族主体论而推导出的清朝的非中国性，就是一种标新立异的妄语。

② 池田大作，汤因比．展望21世纪：汤因比与池田大作对话录．北京：国际文化出版公司，1997：284.

国，中国等后发国家是多民族共同体，组织国家的任务更为艰巨，对组织国家的能力或国家治理能力要求更高。没有共产党就没有新中国，没有共产党也很难有一个统一的中国。在这个意义上，21世纪的中国面临的最大挑战，就是如何维护国家统一问题，没有共产党就很可能是国家的分裂[①]。党的命运决定了国家的命运，或者说国家命运系于党的命运，这就是“党和国家领导体制”所表述的国家理论内涵。

中国共产党建立新中国的历程事实上有两种理论意义：一是社会科学脉络上的政党中心主义。英美式道路产生了社会中心主义，德日式道路产生了国家中心主义，俄国—中国式道路自然应该有一个政党中心主义[②]。二是中国传统政治思想意义上的：“党和国家领导体制”意味着中国共产党成为大一统这个道统的传承者。在中共六届六中全会上，毛泽东作《论新阶段》的政治报告，指出：“今天的中国是历史的中国的一个发展：我们是马克思主义的历史主义者，我们不应当割断历史。从孔夫子到孙中山，我们应当给以总结，承继这一份珍贵的遗产。”[③] 这也是习近平如此重视中国传统文化的原因，他不但视察了孔子研究院，还出席国际儒学联合会第五届会员大会并在会上发表讲话，更是多次讲到传统文化的重要性，并把当代中国视为历史中国的延续和发展。

二、政治价值

任何国家的建立都依靠其特定的政治价值，这种政治价值又被称为

① 马融．21世纪的中国是否存在国家分裂的风险．领导者，2011（2/4）．
② 杨光斌．政治变迁中的国家与制度．北京：中央编译出版社，2011：182－243．
③ 毛泽东．毛泽东选集：第2卷．2版．北京：人民出版社，1991：534．

“立国价值”。简单地说，我们的立国价值是社会主义核心价值观，其中有国家层面、社会层面和个人层面的价值原则。可以说，社会主义核心价值观最深刻地体现了包容性原则，既有马克思主义和共产党人一以贯之的价值诉求，也有来自中国传统文化中的成分，还吸收了人类文明优秀成果。这既体现了中国文化的一如既往的包容性，正如历史上的儒释道合流，也表明马克思主义中国化必然是中国文化与人类文明优秀成果融合的过程。其中，马克思主义之所以能够很快地扎根中国大地，一个重要的原因就是社会主义与中国传统政治思想，尤其是民本思想的通融性。社会主义以“社会”为主义，其实就是以民众为中心；民本思想，就是以民众为本。二者都是以民众、大众为本。

其实，早有国内外研究者从社会主义的视野看待中国的传统政治形态。社会主义在中国历史悠久，管仲治齐时实行的以人为本和公平无私政策就是最早的社会主义了，流行几千年的“大道之行，天下为公”，也算是最早的朴素社会主义思想。国内外研究者认为，社会主义政策使汉武帝时期的汉帝国达到最强盛阶段。康有为是近代以来最早最系统研究社会主义的先行者，其弟子哥伦比亚大学博士陈焕章这样说：桑弘羊“使汉武帝在财政上有可能扩大中华帝国。他对国家整体的贡献是巨大的和永恒的，他是在如此巨大规模上成功地实践了国家社会主义的第一人”①。《世界文明史》作者杜兰认为，社会主义使中国达到鼎盛时代，“武帝为了要解决日益严重的民生经济问题，遂推行经济改革政策，实施社会主义，建立国营制度，以防私人独占山川资源；避免富者越富，贫者越贫。征收盐税，铁酒公

① 陈焕章．孔门理财学．北京：中央编译出版社，2009：341.

卖……凡是私人无法承担的大的公共工程事业，一律由政府来负责……武帝这些经济改革政策，一时收效宏大……中国至此，达于鼎盛时代”[①]。

中国革命的先行者孙中山先生曾以社会主义者自居，并以实现社会主义为目标。正如孙中山所言，“我国固素主张社会主义者……足见我国人民之脑际，久蕴蓄社会主义之精神，宜其进行之速，有一日千里之势也”。“鄙人对于社会主义，实欢迎其利国富民之神圣，本社会之真理，集种种生产之物产，归为公有，而收其利。实行社会主义之日，即我民幼有所教，老有所养，分业操作，各得其所。我中华民国之国家，一变而为社会主义之国家矣。”同时，孙中山先生还清醒地认识到并警告：“如果我们从中华民国存在之日起就不去考虑如何防止资本主义在最近将来的孳生崛兴，那么等待我们的就是比清朝专制暴政还要酷烈百倍的新专制暴政。”[②]早期的中国共产党人以及民国时期的学者也和孙中山一样，都认为中国具有与生俱来的社会主义，并深刻地指出资本主义的残酷性。

这里，孙中山等先贤深刻地体会到，世界上有两个“利维坦”，一个是国家或者政治权力利维坦，一个是资本利维坦，而且资本利维坦的危害绝不亚于政治利维坦。这是孙中山看到的世界，也是今日世界资本主义政治的真相。因此，如何毫不动摇地坚持社会主义道路和社会主义核心价值观，是对依然处于资本主义世界经济体系的中国的巨大考验，也是对中国模式的巨大考验。如果中国和其他发展中国家一样融入资本主义世界经济体系并成为其中的一员，其命运绝对不会好过现有的其他大型发展中

① 杜兰．世界文明史．北京：东方出版社，1998：481.

② 中国社科院近代史所，等．孙中山全集：第2卷．北京：中华书局，2011：507，524，326.

国家。

三、政治制度

如果说作为“立国价值”的政治价值事关国家的方向和一个民族的精神状态，那么体现着政治价值的政治制度就是如何将国家组织起来并去实现政治价值体系的组织原则与组织结构。我们常说的“四大发明”是技术上的或器物层面的，中国最伟大的发明应是最早建构起来的将人类组织起来的一套官僚制度或者行政管理体制。西方人把民族国家和组织民族国家的官僚制在15—17世纪的出现视为“现代性”的一个重大标志，就此而言，先秦时期的国家、政治、行政具有与生俱来的现代性，不但产生了组织国家的官僚制和郡县制，而且这些制度还以绩效而非血缘关系为基础。在韦伯看来，军队和官僚制是欧洲封建制国家的基础，而中国历史上的国家都是依靠文教传统和作为文教传统载体的官僚制而运转，是价值和制度的高度统一，这是源于中国的士大夫传统。

今天，党和国家领导体制的组织原则是民主集中制。“民主”是大众的权利，这是中国共产党人在革命中带进来的新制度。依据民主集中制组织原则而建立起来的制度体系，比如党和国家领导体制中的纪检制度与监察制度、组织人事制度，都能在“六部”中找到历史的底色和存在的智慧。正如有学者所言：“组织部、纪委是西方政制所没有的，但恰恰是中国政制的要害所在，分别关涉对官员的选拔和监督，也恰恰最根植于中国自己深厚的历史文明传统，继承与转化了历史上的吏部、监察御史制。”①

---

① 谢茂松．重建政治学的实践性：实践智慧在当代中国政治学中的缺席．东方学刊，2019（1）．

更重要的是，中国的行政管理体制并非局限于马克斯·韦伯的科层制理论所讲的那些非人格化、等级化、绩效化等组织性特征，还深深地融入了价值关怀。不但是党的组织，还有行政组织，都把实践社会主义核心价值观作为行政工作、行政程序中的一个不可或缺的部分。比如，消灭贫困、实现社会公正，是各级政府不可推脱的责任；在决策方式上，必须体现法治和民主程序。因此，只有中国才有公认的“行政民主”之说。正是因为内化于制度之中的价值关怀，才有一次又一次的行政体制改革，才有改革了 40 多年还在全面深化的改革。如何理解人类政治史上的这一奇特现象？其内生性背景就是中国的士大夫官僚制传统，这一传统就是以民为本的执政理念。

制度的价值性不但体现在各制度本身，还建构于制度矩阵之中。中国各级官员在各级党校的培训，不但接受怎么办的知识培训，更多的是接受怎么看的教育，这就是世界观认识论的输入。在这两重意义上，中国官员的价值关怀要远远超出其职责本身所在，往往有着政治秩序乃至世界秩序的关怀。这正体现了国家的组织体系、制度体系的意义所在，也使得中国政治制度不但是组织性的，更有与时俱进的实践性和价值性。

四、历史延续性与制度创新

考察大一统、政治价值和政治制度的属性，人们大概都不会否认，当代中国政治发展是中华文明基体的一种自然延续。但是，中国政治发展道路和政治制度的生命力和合法性又不仅仅来自其历史文明基因，更有适合国情和现实条件的制度创新。我们知道，传统中国政治的最大隐患有两个，一个是组织化程度即国家治理能力问题，一个是代表性不足问题。当代中国政治发展的最独特之处是民主集中制组织原则所保障的国家治理能力。在晚清，中国面临的最大挑战是制度整合能力问题，偌大一个国家在列强面前不堪一击。民主集中制组织原则解决了部门与部门、中央与地方、地方与地方之间的协调性问题，从而最大限度地加强了国家治理能力。当今大国之间的竞争，在根本上是制度之争，而制度竞争力体现在制度整合能力、政策制定能力和政策执行能力等所构成的治理能力上。在这个维度上，中国的比较优势已经显露出来，因此才能在很短的时间内成为世界第二大经济体。

另外，当代中国的根本制度和基本制度具有代表性与协商性。1949 年之前，中国政治的一大问题就是代表性不足。人民代表大会制度体现了地方、民族的代表性，政治协商制度体现了界别、行业的代表性，“两会”制度事实上解决了“条块关系”。在参政议政方面，协商民主体现在全过程之中。协商民主不是政治协商制度的专利，人民代表大会制度也充满了协商性。

当代中国政治发展所体现出的制度能力、代表性和协商性，构成了中国政治制度的优越性与竞争优势，政治学尚需对此进行深入的比较研究，在比较政治研究上更有价值。

第四节

改革开放前后国家治理体系的连续性与统一性

如果在长程历史上能够看到当代中国作为文明基体的延续性，那么新中国 70 多年历史的连续性和统一性的脉络更加清晰，连续性线索更加粗壮。习近平指出，“不能用改革开放后的历史时期否定改革开放前的历史时期，也不能用改革开放前的历史时期否定改革开放后的历史时期”，“两者决不是彼此割裂的，更不是根本对立的”[①]。在历史政治学这里，改革开放前后的历史是连续性的，改革开放前的制度安排是改革开放后制度变迁的基本轨迹和方向，改革开放后的制度变迁也强化了改革开放前 30 年建立起来的制度结构与基本制度。

一、宪制结构的稳定性

毛泽东的《论人民民主专政》和据此制定的“五四宪法”，从根本上奠定了新中国的宪制基础，现行的“八二宪法”基本上是回归“五四宪法”，并历经 5 次修改而完善或者强化了“五四宪法”的根本条款。中国

① 习近平．习近平谈治国理政：第 1 卷．2 版．北京：人民出版社，2018：23，22-23.

的宪制有两点很重要，一是国家的性质问题，二是政权的组织原则问题，这两点决定了不管中国如何变化，都是在既定的政治方向和制度矩阵之中。

关于国家的性质即政治学所讲的国体，1954年宪法第一条规定："中华人民共和国是工人阶级领导的、以工农联盟为基础的人民民主国家。"基于1982年宪法的现行宪法第一条第一款规定："中华人民共和国是工人阶级领导的、以工农联盟为基础的人民民主专政的社会主义国家。"第一条第二款规定："社会主义制度是中华人民共和国的根本制度。中国共产党领导是中国特色社会主义最本质的特征。禁止任何组织或者个人破坏社会主义制度。"显然，现行宪法在国家性质规定的基础上，又增加了如何捍卫这个国体的条款，即以党的领导和社会主义制度来落实人民民主专政的国体。那么如何实施社会主义制度呢？这是政体问题。

关于政权的组织原则，1954年宪法第二条第一款规定："中华人民共和国的一切权力属于人民。人民行使权力的机关是全国人民代表大会和地方各级人民代表大会。"第二条第二款规定："全国人民代表大会、地方各级人民代表大会和其他国家机关，一律实行民主集中制。"也就是说，民主集中制是我们的政体。基于1982年宪法的现行宪法第三条第一款规定："中华人民共和国的国家机构实行民主集中制的原则。"第三条第二、三、四款规定了民主集中制的原则如何实现："全国人民代表大会和地方各级人民代表大会都由民主选举产生，对人民负责，受人民监督。""国家行政机关、监察机关、审判机关、检察机关都由人民代表大会产生，对它负责，受它监督。""中央和地方的国家机构职权的划分，遵循在中央的统一领导下，充分发挥地方的主动性、积极性的原则。”也就是说，从人民代表大会的产生、到人大与政府的关系、再到中央—地方关系，都实行民主集中制的组织原则。

国体和政体乃宪制之经纬。从1954年宪法到现行宪法，国体—政体的表述从抽象到更加具体，从而保证了改革开放之后中国政治发展的连续性。在时间节点上，这要归功于1979年邓小平提出的坚持“四项基本原则”。对于邓小平而言，改革开放是必然的，但怎么改革怎么开放，只能摸着石头过河，具有不确定性；但是，确定的是，改革开放只能在既定的宪制中进行，即“四项基本原则”。这就意味着，能干什么是未知的，不能干什么是明确的，这样在守住底线的前提下推陈出新。

二、市场经济的社会基础

在稳定的宪制结构下，改革开放前30年的很多政策或者制度安排为后来的改革开放奠定了基础，改革开放以来的成就绝不是无源之水、无本之木，也不可能是“市场”变出的魔法，要知道很多发展中国家比如印度的市场化程度比中国还高，但治理成就远远低于中国。对此，被称为“经济学的良心”的阿玛蒂亚·森认识最为深刻，他在对印度与中国的比较研究中指出：“中国市场的‘魔力’在于先前社会变革的坚实基础，印度不能单单期待那种魔力而不进行社会变革——在教育、医疗保障、土地改革等上，这些改革帮助中国确立了市场功能。”① 不仅仅限于这些方面，众所

① 阿玛蒂亚·森，让·德雷兹．印度：经济发展与社会机会．北京：社会科学文献出版社，2006：88.

周知，新中国在很短的时间内在一个落后的农业国家建成了现代工业体系，这是改革开放之后的制造业发展和制造业大国的形成最为重要的前提。此外，在诸如土地制度与农业政策上、平等化教育上、妇女解放上、健康保健上，改革开放前30年的社会经济政策都是后来的改革开放的红利。

土地制度与农业政策。改革开放后中国农业发展和依赖土地集体所有制而产生的高速现代化，都与土地制度的改革有直接关系。阿玛蒂亚·森认为，中国农村之所以能进行承包制的改革，与印度相比，是因为"没有土地占有高度不平等带来的社会问题和经济无效率"[①]。城市化进程中的土地开发利用引发了很多社会矛盾，但如果中国实行的是很多发展中国家的世袭制土地制度，很难想象我们以如此快的进程去推动中国的现代化事业。所以说，被一些理论比如新制度经济学所诟病的土地制度改革，恰恰是发展中国家得以现代化的前提，这在韩国及我国台湾地区都是同样的成功经验，土地改革是东亚总体经济发展的重要因素，这已经有大量的国际性权威研究。另外，在农业上，仅有土地改革是不够的，如果没有改革开放前30年的兴修水利事业，如果没有修建了数以千计的水库，就不能解决"靠天收"的农业状况。这一点也是其他发展中国家所做不到的，也是近几十年来中国粮食丰收的重要保障。

教育与妇女解放。新中国实行的是平等化义务教育，极大地提升了国民素质和全民的文化水平。同时，新中国推行男女平等的妇女解放运动，女童

① 阿玛蒂亚·森，让·德雷兹．印度：经济发展与社会机会．北京：社会科学文献出版社，2006：87.

享有与男童一样的受教育机会。根据人口普查资料，1982 年中国 15～19 岁年龄组的识字率男性高达 96%，女性为 85%，而同期印度的数据分别为 66%和 43%[①]。没有这些，就没有改革开放之后的高素质的劳动力，也没有素质如此之高的众多女性打工者。高素质的劳动力正是制造业大国的人力资源保障。仅有“人口”不一定就有“人手”，人口变成工厂的人手，需要的是教育和妇女解放。

医疗保障事业。“赤脚医生”和事实上的全民免费医疗，就是中国最成功的全面保健的根本保障。何言成功？1960 年，中国每 1 000 新生儿死亡数达到 150 人，当然低于印度的 165 人；到 1981 年，死亡数下降到 37 人，和韩国持平，此时的印度还有 110 人。1960 年出生时中国人预期寿命 47.1 岁，到 1981 年则达到 67.7 岁，比韩国的 66 岁还要高，直逼发达国家的成就[②]。中国的卫生事业成就举世瞩目，是发展中国家的样板。这意味着，健康水平并不必然与经济水平呈正比，关键是政府的社会政策关怀度。如果说全民免费的义务教育和妇女解放提供了高素质的劳动力，“赤脚医生”式的卫生事业则为后来的改革开放保障了健康的劳动力。

可以肯定地说，改革开放以来的巨大成就固然是政策变化的产物，但改革开放前中国所进行的社会建设则为市场经济奠定了基础。因此，阿玛蒂亚·森认为，和印度相比，中国“80 年代的发展继续并巩固了中国的领先，但是在改革前印度和中国所处的相对地位就已经决定性地确立了”。“我们认为，特别是改革前中国在教育、保健、土地改革和社会变化方面

① 阿玛蒂亚·森，让·德雷兹．印度：经济发展与社会机会．北京：社会科学文献出版社，2006：80.

② 同①84.

的成就，对于改革后的成绩做出了极大的积极贡献，使中国不仅保持了高预期寿命和其他相关成就，还为基于市场改革的经济扩展提供了坚定支持。”① 阿玛蒂亚·森的判断具有深刻的启迪性。就市场化程度而言，中国并不比印度和其他发展中国家更高，但是治理成就为什么如此巨大？市场经济并不存在于空中楼阁，其上有政府体系与政府职能问题，其下有社会结构问题，市场的职能也只能在政府结构和社会结构的双重约束下发挥作用。知识和视野约束了人们的判断力，习惯于以市场化的标准而断言一个国家的前景，是知识论上的无知自大。

三、制度创新延续并加强了宪制结构

中国基于市场经济的改革是在不变的宪制结构下进行的，改革前的社会政策为改革开放提供了决定性红利；反过来，改革开放后的制度变迁也强化了既定的宪制结构，从而使得中国的制度体系更具竞争力。具体而言，围绕根本政治制度而发生的制度创新所形成的权力关系，比如中央—地方关系、国家—社会关系、政府—市场关系，都是民主集中制性质的，从而延续并强化了民主集中制政体，巩固了人民民主专政国体。

民主集中制原则下的中央—地方关系。中国的改革是从地方分权开始的，其中既有行政性分权即下放事权权限，也有经济性分权即改变财产权的归属，还有财政分权即从包干制到分税制的改革。地方分权改革最终形成了被称为经济联邦主义的央地关系，中央和地方共享经济性权力，地方

① 阿玛蒂亚·森，让·德雷兹．印度：经济发展与社会机会．北京：社会科学文献出版社，2006：80，70.

获得更大的经济自主性和治理权力上的自主性。与此同时，传统的政治单一制并没有改变，中央对地方的政治事务尤其是人事保有绝对的领导权。中央—地方关系上的政治单一制和经济联邦主义①，体现了集权与分权的关系，同时并没有改变中央作为权力来源的宪制原则，而地方的活力得到充分释放，因此这是典型的宪法规定的中央—地方关系上的民主集中制原则②。

国家—社会关系中的民主集中制性质。在地方分权的过程中，经济形态的改变带来社会结构的转型，势必会出现相应的新型社会组织，如何处理国家—社会关系，成为新矛盾新焦点。几十年来的一般情形是，对于政治类、民族类、法律类和宗教类的组织，实行严格控制，因为冷战结束后很多国家的"颜色革命"就是从这些类别的社会组织开始的；同时，对于文化类、经济类、环境类等的社会组织，实行事实上的放开搞活，实行登记备案制，让它们自治。自治还体现在作为基层组织的村委会、居委会等自治性社区组织上。基于类别的分类管理，即控制与放开，就是一种事实性民主集中制性质的国家—社会关系，西方政治学理论称之为"国家统合主义"③。

政府—市场关系中的民主集中制性质。从地方分权到市场化取向的经济改革，也根本性地改变了计划经济体制下的一体化政治—经济关系，但是，国家权力容器中的很多制度安排依然在发挥重要作用，从而形成了被称为"发展型国家"的政治—经济关系。在中国这个"发展型国家"，从

---

① 杨光斌．中国经济转型时期的中央—地方关系新论：理论、现实与政策．学海，2007（1）．

② 杨光斌．中国政治认识论．北京：中国社会科学出版社，2018：299－321．

③ 同②347－367．

“五年计划”到“十年规划”的产业政策，体现了国家意志、国家方向和国家的制度整合能力，后发国家要跻身于发达系列非此不可。与此同时，市场经济培育了行为主体的利益自主性，各种经济利益集团也在竞相影响决策过程[①]。这样，国家和市场都在发挥着作用，这堪称民主集中制原则在政府—市场关系中的具体体现[②]。

作为中国模式核心的民主集中制原则。稳定的宪制结构下所衍生的各种关键性维度上的权力关系，都离不开民主集中制的组织原则，因此，作为政体的民主集中制就是中国模式的核心，这也是国家治理能力之根本保障[③]。也就是说，改革开放以来的复兴大业，是在 1954 年宪制结构下发生的，结果是延续并强化了既定的宪制结构。

中国的宪制结构能够包容计划经济和社会主义市场经济两种不同的经济形态，我们因此不得不提出这样的问题：政治和经济的关系到底是什么？政治—经济关系的维度能够回答当代中国政治发展吗？就影响政治的因素而言，首先是人的利益选择导致的政治主体之间的互动，这是经济因素的作用；经济的背后还有社会关系和社会结构；社会结构的背后还有历史文明基因。因此，对于政治的认识不能限于经济的影响和社会的影响，还有深层的文明基因的影响。其实，这些相互影响所形成的分析变量，已经让我们很难回答哪些是政治的，哪些是社会经济的。何况，政治权力作为经济权力、文化权力和军事权力的互动的总和与结果，一旦产生，其稳

---

① 杨光斌，李月军．中国政治过程中的利益集团及其治理．学海，2008（2）．

② 杨光斌．中国政治认识论．北京：中国社会科学出版社，2018：322 - 346.

③ 杨光斌，乔哲青．论作为“中国模式”的民主集中制政体．政治学研究，2015（6）；杨光斌．中国政治认识论．北京：中国社会科学出版社，2018：235 - 283.

定性、韧性到底达到什么程度，也只能通过大历史研究和深度的案例研究去回答，绝不是某种单一的或简单的因素就能回答的政治问题。这大概是留给历史政治学的学术使命。

第五节 历史政治学与当代中国国家治理体系的相互意义

具有历史意义和规模意义的中国不应该只是外来理论的试验场，更应该是理论的发源地，形成自主性中国社会科学话语体系。但是，达至这一目标，首先需要研究方法和研究路径上的突破，然后才能形成新概念新范畴新表述。历史政治学正是为中国政治研究量身定制的概念和研究路径。

一、历史政治学之于中国政治研究的意义

中国政治是一个整体性概念，在结构性意义上，至少应该包括：中国是如何来的，这是国家建设的议程；中国是怎么组织起来的，这是政体学的研究议程；中国是怎么运转的，这是政治过程的研究议程。无论在哪个层面上，“历史”都是不可或缺的要素与角度，即每个层面的议程都自带

历史性，也只有从历史的角度才能认识这些问题。在国家建设层面，现代中国其实就是中华文明基体的一个延续。在政体学层面，中国政治制度的关键层面比如组织部和监察制度，是历史连续性的一种新表述，发生巨变的新中国70多年，是一种内在的相互强化的制度变迁。即使中国的政治过程研究，比如立法过程、不同层次的决策过程，每一个环节和微观机制都带有历史性。比如关系文化通过路径依赖而形成历史连续性。在对外关系上，从新中国成立初期的“和平共处”五项原则，到改革开放以来的“和平与发展”、“和平崛起”以及“人类命运共同体”，无不体现着中国文化的精髓——“和合”以及“天下观”。这些制度变迁中的宏大议程，非历史政治学研究路径不能胜任。

处于社会结构中的“中国人”是什么样的人性呢？显然，不能简单地用基于个体主义文化下的“理性人”概念分析中国人的政治行为。无论是过去的家庭伦理本位、“阶级人”还是至今的难以定性的中国人，都不可能等同于个体主义文化下的理性人，中国人的理性必然是集体主义文化下的产物。英国著名政治学家芬纳这样说：“中国的政治制度和希腊以来的西方传统完全不同。事实上，二者是截然相反的。它的政治制度、社会结构与主流的社会价值相辅相成，这是自从早期的美索不达米亚和埃及政府以后从来没有过的，特别在西方更不曾出现过。因此，中国稳定、持久的社会政治体系与躁动不安的西方相比，后者更依赖于自由行动与个人责任；而前者则依赖于集体，每一个人都要为其他人的错误承担责任。”西方传统体现了人类在法律和上帝面前人人平等的概念，而古代中国与之相反，一开始就是等级式的人际关系，但是“在中国的政治体制中，所有这些不平等都被导入一个总体上和谐的有机社会”①。确实，在这样一个等级构成的社会中，“国”和“家”从来是一体化的。用李泽厚先生的话说，中国文化是相对于西方个人主义文化的“关系主义”，而这种“关系主义”是建立在家庭本位之上的，国家是家庭的放大版。因此，正如专门研究中国哲学的美国教授郝大维和安乐哲所言：“在西方传统中，独立自主的个人占据着重要位置。要在中国传统范围内寻找这种西方知识分子所推崇的主导思想，将是徒劳的。更重要的是，表述这些思想成分的价值观、行为以及制度同样在中国传统中不存在。”他们还语重心长地指出：“政治与经济同是文化的表述，它们的效能必须与其他的文化价值观一起来评估。而且特别需要指出的是，我们认为自由主义的、个人主义的和以权利为基础的民主以及自由企业资本主义，都是西方现代性历史发展的具体产物。因此，任何试图将这些东西在各种文化中普遍化的做法都是愚不可及的。”“一个明显的含义是，把所有这几件起作用的东西照搬到中国去，就会大大改变中国的特性，实际上会将整个中国社会改造成一个外族历史叙事的终端。”②

美国人说的没错。现代性意味着政治形式越来越多的相似性乃至同一性，比如都有政党政治和议会政治，但为什么结果千差万别？社会结构因素肯定是决定性的，处于不同社会结构中的人性以及人的行为方式肯定是不一样的，从而导致相同制度的不同结果。这本身就是基于“理性人”假设的“政治科学”的失败，对此的替代性解释范式应该是历史政治学。也

---

① 芬纳．统治史：古代的王权和帝国：第1卷．上海：华东师范大学出版社，2010：289.

② 郝大维，安乐哲．先贤的民主：杜威、孔子与中国民主之希望．南京：江苏人民出版社，2004：25，16，17.

就是说，历史政治学不仅仅是结构主义的，也是行为主义取向的，研究人的价值取向和利益计算，但坚信社会结构的难以替代的解释力。

这一切都是因为历史政治学不仅仅是认识论和方法论意义上的，还首先是本体论意义上的，“历史政治”构成了中国人不可或缺的一个内在部分。因此，我们才说历史政治学对于中国政治研究有着特殊价值，几乎是一种量身定制的概念。但这并不意味着历史政治学只能用于中国政治研究，在笔者看来，凡是存在文明体的地方，比如基督教文明地区、伊斯兰文明地区，其政治发展研究都可以使用历史政治学。当然，因为中国是世界上唯一的连续几千年而未曾中断的大型文明体，“历史”的本体论属性更重。

二、中国政治研究之于历史政治学的意义

与任何一套研究范式一样，历史政治学要保有生命力，首先需要建立在特定的案例研究上，以案例研究去证实这一研究范式的解释力。换句话说，国际社会科学研究基本上是案例研究，因而首先都是一种地方化知识，研究者当然首先研究自己熟悉的历史和现实。比如，马克斯·韦伯提出的官僚政治合法性概念针对的是其所处的德国历史与德国政治，而李普塞特基于美国和英国的政治，把韦伯的合法性概念概括为选举民主，甚至有的连研究路径和研究范式都首先起始于自己熟悉的历史，比如道格拉斯·诺斯的新制度经济学（国家理论、产权理论和意识形态理论）也是基于欧洲几个国家的历史经验。其实，就研究官僚政治和国家理论而言，在比较历史的意义上，中国案例显然比德国、比英国更有价值，但是研究者因并不熟悉中国历史而无从下手，结果中国人接受的都是产生于异域的理论并以

此来解释中国，中国成了理论的试验场。

有了社会科学训练并有方法论自觉的中国政治学者，理应运用自己熟悉的历史与现实去赋予适合的方法论和研究路径以生命。革命政治学有其特殊的政治使命和特定的分析价值，基于“理性人”假设的“政治科学”其实就是致力于建构个体主义文化的社会，其作用是“转基因”，因此迫切需要将解释中国政治的历史政治学理论化，赋予其研究价值。以中国政治为案例研究，将会发掘历史政治学的无穷力量。在源头上，先秦政治具有与生俱来的世俗化和官僚制的现代性；在流变的脉络上，两千年历史就是初始的关键节点的路径依赖；在变化的意义上，晚清以来的百年巨变依然在历史连续性意义上发生着。没有哪个国家的政治具有如此强大的历史文明基因的作用，这也意味着，中国未来的政治发展依然是中国历史的。中国历史并不因为外来冲击或所谓的“现代化冲击”而改变其性质，这是由中华文明的特性所决定的，即一个连续性的文明共同体，用沟口雄三的话说就是存在一个“中国基体论”，这样就可以理解哈佛大学中国史教授孔飞力（Philip A. Kuhn）在其著作中的最后一句话：中国建制议程的界定所根据的将不是美国的条件，而是中国自己的条件[①]。

如果说历史是中国人的“宗教”，历史分析是中国政治学人的“初心”和与生俱来的情怀，这就决定了历史政治学学术共同体必将形成，历史政治学对于中国自主性政治学话语体系的建设性贡献值得期待，而中国政治发展的深度案例研究也将赋予历史政治学学术研究乃至学科建设的生命力。

① 孔飞力．中国现代国家的起源．北京：生活·读书·新知三联书店，2013：122.

第三章

以民主集中制为中枢的国家治理体系

政体是国家治理体系的核心。作为政体的民主集中制在国际社会科学理论上的位置远远不能与其实践中的重要性相匹配，需要“找回民主集中制”。作为中国模式本身或者最核心制度的民主集中制，不但是一种组织良好的秩序，而且其在元理论上有诸多值得重新发掘之处，比如民主集中制所表述的真实的政治关系、民主与集中之间的动态的结构性均衡特征、政治属性上的民主主义、文化机理上的集体之善、政治思想上的民本主义以及运行机制上的民主形式。在实践中，作为政体的民主集中制，不但是宪法上所规定的国家机构和央地关系的组织原则，还是改革开放之后政治—经济关系、国家—社会关系的事实性组织原则。更重要的是，作为权力结构的民主集中制同时还是决策过程的一般原则，做到了形式与过程的统一。这样一个历史悠久的、特征独有的、统合所有权力关系的政体，是中国模式的最好写照。

第一节

作为中国模式的民主集中制政体

一、找回民主集中制

民主集中制政体在冷战时期曾经是西方政治学研究的焦点问题，而苏联的解体使得这个概念在西方政治学中几乎消失。但是，在冷战结束之后的四分之一世纪之际，随着“中国模式”成为世界舆论的焦点，也就有必要“找回民主集中制”，正如当年“统合主义”概念在二战后消失了 30 年之后被重新找回来一样。其实，在中国，民主集中制一直是理论上和实践中的热点问题，也是政治中的核心问题，只不过因为中国社会科学和政治学的问题意识具有脱离国情的倾向，没有对自己的核心问题给予足够的重视，很多人研究的都是与中国本身没有什么关系的无用之学。

今天，很多人谈论的“中国模式”到底是什么？笔者认为，能够称得上以国家为名的模式，一定是以政治制度为核心，而且是能将中国良好地组织起来的那种政治制度。而且，作为一种模式，必然有其思想上和制度上的历史连续性，以及因为独特而且有用所产生的特征独有性。这两点决定了在中国谈中国模式其实就是讨论一种政治模式，而政治模式的核心首先是关于党的组织原则问题，这是一个常识；不仅如此，这样的组织原则必须是适用于国家的组织原则的。这样，能把党和国家有机地联系在一起的非民主集中制莫属。民主集中制从其产生到今天已经有近百年的历史，目前是唯一能与代议制民主政体媲美的政治制度或政体。因此，在比较政治学教材中讲政体或政治制度，非西方化的教科书必然离不开民主集中制，否则按照西方教科书的概念去分析中国就会风马牛不相及。

遗憾的是，国际社会科学界研究的政体大致有两大类：作为自由民主政体的代议制民主和非民主政体即威权主义。在西方政治学那里，前者是“历史的终点”，后者必然失败即转型或过渡到“历史的终点”。那么世界政治的事实到底是什么样的呢？让我们看看简单的加减法。实行代议制民主的 32 个富裕国家的人口总和不过 10 亿，即不超过全球人口的 15%，全世界85%的人口生活在中等发达国家或者欠发达国家；在85%的人口中，中国近14亿人即占全球的约20%，实行的是民主集中制；而剩余的全球65%的人口，绝大多数即60%的人口生活在代议制民主国家，另外5%左右的人口生活在君主制或其他政体之下。比较政治研究的发现是，发达国家的发达不是因为实行了代议制民主，而是综合因素比如战争掠夺、殖民地掠夺作用的结果，其中日本最为典型，《马关条约》掠夺中国二万万两白银，比当时日本两年的国民生产总值还多；在后发国家即基本上经历了殖民地半殖民地统治的国家，占全球人口60%的国家基本上实行了代议制民主，更有可比性的是人口过亿的发展中国家共9个，除中国外，其余8个（包括印度、巴基斯坦、孟加拉国、印尼、菲律宾、尼日利亚、墨西哥、巴西）都实行了代议制民主。结果如何呢？它们并没有因为实行了代议制民主这一“好制度”而变得更好，而是陷于党争民主所罗织的发展的陷阱。这并不是个案，而是大概率事件。如果中国也走上了代议制民主即党争民主的道路，结果会比其他巨型发展中国家更好吗？

中国因制度不同而取得的比较优势如此显著，但是在西方政治学那里却被列为威权主义的“坏政体”，必须走向“历史的终点”才算是正道。读书人怎么都成了不睁眼看世界的观念的囚徒？自称搞社会科学研究的人怎么都成了传教士？目前西方关于中国政体的种种说法基本都是在“威权主义”一词的基础上加个前缀词或者后缀词，离开“威权主义”就不知道怎么来看中国。由此可见，国际社会科学界已经思想僵化到什么程度，教条主义到何种程度。他们认为，中国无论怎么变化，都是与民主政治无关的威权主义；既然是非民主的威权主义，那么其政体转型是必然的，即转型到自由民主政体。可以说，西方主流学界关于中国的研究已经不是学科主义或政治科学，好听地说是从意识形态出发的政治哲学，事实上是从宗教信念出发而搞的“十字军东征”。

必须跳出西方社会科学宗教式意识形态化的话语体系，给中国的政体证明，给予它学理上的身份还原。我们发现，坊间热议的中国模式首先应该是作为政体的民主集中制，而这一制度在理论上不但具有现代性的民主主义属性，同时也具有基于中国历史文化的内生性变迁的特征，并且克服了后发巨型国家因普遍缺失国家能力而导致的组织化不足的结构性病理。更重要的是，生活政治告诉我们，作为政体的民主集中制同时还是政治过程的核心即决策过程的原则，因而它构成了世界上最独特的制度体系，即政治形式与政治过程的一致性原则。为此，中国政治学乃至整个社会科学非常有必要深入研究这样一个关乎道路自信和制度自信的根本性政治制度。

二、为什么民主集中制最能概括“中国模式”

大国兴衰一直是国际思想界的热门话题。仅仅是在十年前，西方世界谈论最多的还是中国的问题，甚至是中国何时崩溃的问题，但现在的热门话题是“当中国统治世界”和“西方还能主宰多久”。

生活在中国的一些学者比西方人更早地看到中国的光明前景，因此在十多年前就开始讨论“中国模式”这个大话题。对于中国模式，有两种截然不同的态度或者说价值取向，即否定说和肯定说。在否定说中，又有几种不同的看法。第一种是完全以自由主义的价值观来否定中国模式，相信福山的“历史终结论”，即认为世界上只有一种模式即自由民主或者说代议制民主，其他都是过渡形态，或早或晚地要转型至自由民主政治。但是，连“历史终结论”的发明者福山都不得不说，目前中国模式是自由民主模式唯一的替代性挑战者。第二种是一些经济学家或者说改革坚持者担心如果肯定中国模式，中国就会满足现状而不再改革。在某种意义上，这不是对中国政治模式或者说中国模式本身的否定，而是对中国发展模式的质疑，即中国不能停留在既定的发展模式上。中国发展模式需要转型升级，这种对中国模式的担忧有其一定的合理性和价值。第三种是从治理模式上质疑，认为不存在所谓的中国模式，“一个东西如果可以称之为‘模式’，至少应达到以下几个方面的标准：（1）模式应有一种制度化的稳定性；（2）模式应跟其他模式不同，具备独特性或差异性；（3）模式一旦确立便能够被他人所模仿，即有扩散性；（4）模式应不仅自己承认，还被他人认可。如果观察中国的状况，这几个标准目前都不确定，这是模式总结的关键难题”[①]。这是典型的从治理角度看问题，没能看到中国治理背后的那种独特的、稳定的、具有扩散性并进而被承认的政治因素。任何国家都难以从治理的角度确定其独特的模式，因为治理方式都是文明互鉴的结果，比如由于资本主义与社会主义的相互影响与交流而形成的一些治理模式，如混合制经济、福利国家等，治理模式可以彼此互鉴。与政治模式相比，治理模式是技术化的非根本层面的东西。当我们谈论中国模式的时候，一定是在根本制度层面谈问题。

遗憾的是，即使在肯定中国模式的阵营中，也几乎没有在根本制度层面谈论这个问题。

第一种角度是在治理模式、发展模式意义上说中国模式。最著名的无疑是“北京共识”，基本上讲的都是中国经济发展模式，极力推销中国模

---

① 张静．反应性理政．经济社会体制比较，2010（6）．

式的张维为也是在发展模式意义上总结中国模式——虽然其心中有“文明型崛起”的概念，用他自己的话说“中国模式主要有八点，即实践理性、强势政府、稳定优先、民生为大、渐进改革、顺序差异、混合经济、对外开放”[①]。总结中国模式怎么能不提中国共产党及其组织中国的基本制度？把这8条对照一下俾斯麦时期的德国，结论必然是“德国模式”的要素。在某种意义上，肯定中国模式的王绍光教授也是在治理意义上谈中国模式，他提出著名的“西式政体，中式政道”之说，即西方人善谈政体，而中国人善谈政道。这种说法值得商榷。中国有很多政治制度史的书，而西方则主要是政治思想史的书。政治思想史中的各种“主义”、各种思想，难道不正是“政道”？所以，王绍光教授不是在根本制度即政体层面而是在治道意义上谈论中国模式。

第二种角度是文化意义上的。潘维教授的“国民—民本—社稷”中国模式论更像是一种无所不包的文明模式，由作为经济模式的“国民”经济体制、作为政治模式的“民本”政治和作为社会模式的“社稷”构成，其中每一种子模式又由四个支柱构成，这样“中国模式”包括12个支柱。在国内流行的贝淡宁（Daniel A. Bell）《超越自由民主》一书中的中国模式观其实也是文化意义上的，即认为儒家的贤能政治优于自由民主的选举政治。

第三种角度便是政治制度意义上的中国模式论。美国哥伦比亚大学政治系教授黎安有（Andrew Nathan）固然不会认为有什么中国模式，但其“韧性的威权主义”（the authoritarianism resilient）至少用来刻画中国政治的现状，用来解释中国政治制度为什么没有随着第三波民主化而垮掉，这

① 张维为．中国模式和中国话语的世界意义．经济导刊，2014（3）．

一概念在西方学术界影响很大，其实就是说中国共产党的“适应性”问题。郑永年教授眼中的中国模式就是相对于西方外部多元主义的内部多元主义，即中国共产党的开放性[①]。笔者认为，无论是否承认中国模式，从中国共产党这里找答案正在接近问题的真相，但是“内部多元主义”只是一种政治现象，或者说是中国政治制度即政治模式本身外溢出的一种非常重要的现象而已，不能当作中国模式本身。

比较而言，看上去对中国模式更有现实感的是丁学良从政治、社会和经济三大方面而概括出的“多重矛盾的综合体”：列宁主义的权力架构、政府管制的市场经济和社会控制系统[②]。毫无疑问，这些都是中国政治发展中的重要方面，但和张维为一样是现象的罗列。更重要的是，丁学良教授的历史观存在问题，他把中国模式的“史前期”推到 20 世纪 80 年代，割裂了中华人民共和国国史，更没有革命时期的历史。

既然是模式，只能是一个简洁而有穿透力的词，比如西方的“代议制民主”或“自由民主”。更重要的是，作为终端性的模式绝对不是几年、十几年的发展性政策的变化，而是某种根本性政治制度，而且这个政治制度有其悠久的历史根源。在这些意义上，中国模式只能是我们耳熟能详但又被忽视掉的“民主集中制”。如前文所述，一个国家模式只能是以政治制度为核心，而且这个政治制度能有效地、合宜地将这个国家组织起来。要知道，对于中国等很多后发国家而言，面对历史上遗留下来的强社会，最主要的任务是如何有效地组织国家，需要的是一个强国家而非弱国家。晚清之后的中国，陷入了军阀割据下的半殖民地半封建状态，成了孙中山

---

① 郑永年．实践逻辑中的中国政治模式．人民日报（海外版），2014－06－12．

② 丁学良．辩论“中国模式”．北京：社会科学文献出版社，2011．

所说的一盘散沙，如何组织中国就成了当务之急。孙中山和蒋介石想以党领军、以党建国，均告失败。最终把中国有效组织起来的是中国共产党，关键是其组织原则即民主集中制。随后，中国共产党又适时地将民主集中制原则转化为国家的组织原则。

在历史维度上，民主集中制不但是中国共产党革命史的写照，也是改革开放前后一以贯之的根本性政治制度。作为政体的民主集中制决不止于政府机关由人大产生并对人大负责，更体现在党政关系、国家—社会关系、中央—地方关系和政治—经济关系的诸多维度上。一个词能概括政治、经济、社会的所有维度，难道它不正是中国模式的最好的概括吗？我们不能忘却自己的传统和业已存在的资源，不能因为其名称古老而弃之不用，相反，我们应该运用政治学理论的新进展而丰富“民主集中制”这样的政体概念。在政治制度意义上，越是古老的概念，而且还在实践中运转着的，越有生命力。

第二节

民主集中制原理

民主集中制是中国人最熟悉的一个概念，或许是因太熟悉，所以容易使之流于空洞和形式上的说法，以至于忘记了人们孜孜以求的中国模式其实就是我们生活中的民主集中制。

作为一种党和国家的组织原则，民主集中制无疑会得到大量的研究，这里无须列举国内既有的研究成果。在厘清政体意义上的民主集中制之前，我们首先在语言哲学上澄清民主集中制的含义。

一、语义学上的民主集中制：一个坦诚而真实的表述

在很多方面，讲到民主集中制，不能不比较代议制民主的自由主义民主，或曰自由民主。在语义学上，民主集中制是指一个组织良好的国家既需要民主和活力，又需要决策的权威和集中。在组织良好的国家，哪一个离得开民主和集中？比较而言，自由民主概念是一种隐微教诲，说其为“高贵谎言”也绝不为过。试想，如果一个国家只有自由与民主，而无法治和集中，这个国家会是什么样呢？事实上，西方国家的自由背后是法治，即以法治守护作为财产权的自由，民主背后是集权，即以政府集权保障民主不至于把国家搞得四分五裂。托克维尔在《论美国的民主》中就强调了政府集权的重要性。托克维尔认为，与法国相比，美国更有作为国家意志体现形式的法律集权和政府集权，同时也有体现地方利益的行政分权即治理意义上的分权。也就是说，在大众民主到来之前，美国等西方国家早已经完成了国家建设意义上的关键环节，比如法治和集权以及由此带来的国家能力。因此，“自由民主”掩饰了很多真实的制度，相当于柏拉图式的隐晦表述，而“民主集中制”则道出了政治的真相。

一般认为，民主集中制来自俄语，民主集中制是“民主的集中制”的简称。王贵秀教授指出：“在俄语中，‘民主集中制’是这样一个复合词：‘ДемакратическЙ центраизм’。前者‘ДемакратическЙ’是一个形容词，

意思即‘民主的’；后者‘централизм’是一个名词，意思是‘集中（制）’、‘集权制’、‘中央集权制’或‘集权主义’。两个词合成为一个词，译为‘民主的集中（制）’，是准确无误的。有时把它译为‘民主的集权制’、‘民主的中央集权制’，也未尝不可。我们在二、三十年代就使用过这样的译法。所有这些译法都是符合俄语的原意的。”[①]

应该说，民主集中制不是有些学者解释的两种制度的组合即民主制和集中制，而是一种制度形式的表述，即民主的集中制。但是，停留在“民主的集中制”还不够，还不能真正体现一种政治制度的内在的、深远的价值逻辑。中文一般都把 democracy 翻译成“民主”，其实，正如 liberalism 不是自由而是自由主义一样，democracy 不但是汉语中的民主，更有民主主义的含义，自由、民主、平等等价值都是带“主义”的，认识不到这一点，就是对近代政治思想史的遗忘。

理解了这个大背景，democratic centralism 就不是简单的“民主的集中制”了，而是“民主主义的中央集权制”即“民主主义的集权制”。其实，民主集中制思想的集大成者毛泽东恰恰是在“民主主义”的意义上谈论民主集中制。他在《井冈山的斗争》中讲的民主就是采用“民主主义”的表述：“同样一个兵，昨天在敌军不勇敢，今天在红军很勇敢，就是民主主义的影响。红军像一个火炉，俘虏兵过来马上就熔化了。中国不但人民需要民主主义，军队也需要民主主义。军队内的民主主义制度，将是破坏封建雇佣军队的一个重要的武器。”[②] 并不熟悉外文的毛泽东为什么大讲特讲“民主主义”？可以认为，“民主主义”是当时的一个流行语。然而，

---

① 王贵秀．民主集中制的由来与含义新探．理论前沿，2002（8）．

② 毛泽东．毛泽东选集：第 1 卷．2 版．北京：人民出版社，1991：65.

无论如何，“民主主义”确实是恰如其分的运用。

把“民主集中制”完整理解为或者还原为“民主主义的集中制”，并不是无用的文字游戏，而是关乎到这一政治制度的本体论归属，即到底是什么政治属性、政治价值问题。如果一个政治制度只是硬制度而无价值支撑，这样的政治制度是没有生命力的，或者说就不属于根本性的制度（“道”），而是中观性或者微观层面的“器”。“器物”层面的制度属于治道范畴，任何国家、任何时代都可以通用，但是作为“道”的根本制度则很难移植、很难轻易学习，需要根植于一个国家的文明基因。也正是因为政体的“道”的属性即文化或主义意义上的属性，或者说文明基因属性，我们才可以理解，为什么同样一种政治制度在不同的国家具有完全不同的效应，即我们常说的南橘北枳。

还原语义学上的民主集中制，是为了明确作为政体的民主集中制是民主主义的本体论属性，正如作为政体的自由民主是自由主义的本体论一样。

二、民主集中制的政治属性——民主主义

前述的语义学的考察已经指出，民主集中制属于民主主义的，正如自由民主属于自由主义的政治性质一样。过去我们理解的民主集中制讲究的都是其对立统一性的哲学范畴。也正是在哲学上，可以把对民主集中制的理解向前推进。王贵秀教授认为：“哲学揭示了人类把握宇宙万物所使用的范畴有三大类：一是‘实体’范畴，二是‘属性’范畴，三是‘关系’范畴。以此来观察和分析民主集中制的内在结构，它即‘民主的集中（制）’，并不是由两个‘实体’构成，而是由‘民主的’这一‘属性’与

‘集中（制）’这一‘实体’构成的。就是说，‘民主的’与‘集中（制）’这两部分的关系既不是两个‘实体’的关系，也不是一个实体的两个‘侧面’（实体的侧面仍然是实体）的关系，而是‘属性’与‘实体’的关系。‘民主的’这种属性是内在地规定‘集中（制）’这一实体的性质的。具有了‘民主的’这种属性或规定性，‘集中（制）’就成为‘民主的集中制’；不具备或失去了‘民主的’这种属性或规定性，‘集中（制）’就不再是‘民主的集中制’而成为‘非民主的或专制的集中制’。”①

王贵秀教授的这种哲学范畴上的解释和我们前述的对 democracy 的语义学即“民主主义”的解释异曲同工。更重要的是，确定作为政体的民主集中制的政治属性，其实就是一种类型的划分。

第一，集中制的政体是民主主义的，而非其他主义的，不是斯大林式的集权主义的，也不是戈尔巴乔夫式的无政府主义的，因此一切集中制下的决策或其他政治行为都必须以民主为前提。这里的民主形式是多样的，有选举式民主、参与式民主、协商民主等，还有作为民本思想实践形式的群众路线。也就是说，界定了民主集中制的民主主义的类的属性，无论是在政治制度和组织制度的构成上，还是在其中的政治过程中，都离不开民主主义的原则和形式。

第二，作为一种类的属性的划分，可以鉴别出两大政体类型即民主集中制和自由民主制的根本区别所在。在自由民主那里，由于政治属性是自由主义的，因此民主或者作为民主的平等只能在自由主义的范畴之内发展，以自由主义指导或者框定民主与平等，而不是相反，即不能以平等或

① 王贵秀．民主集中制的由来与含义新探．理论前沿，2002（8）．

者民主来淹没自由主义，也就是说，可以有政治上的民主或一人一票，但这种政治上的民主不能有损财产权。这样，自由主义的民主是自由主义对民主或者平等的胜利，而不是民主对自由主义的胜利；而当平等或者民主的势力盖过自由主义的时候，自由民主也就死亡了。这是萨托利关于自由民主关系的经典论述。

比较而言，民主集中制的民主主义的性质是一个比自由主义具有更多民主属性的政体。也就是说，自由主义民主偏爱的是自由即少数人的财产权，而民主集中制偏爱的是民主即大众的平等权。

按照萨托利的论述方式，同理，民主集中制是民主主义之中的集中制，而不是民主主义之外的集中制。也就是说，民主集中制的生命力来自民主主义，观念上的民主主义就是常说的人民主权，而人民主权在实践形式上既有直接民主，也有乡镇自治即社会民主，还有选举式民主、参与式民主与协商民主。集中制建立在这些民主制度形式上才是民主的集中制，才有活力和生命力。历史上的集中制并不少见，有君主个人的，有少数寡头的，但都不是以前述民主诸形式为基础的。但是，即使有民主诸形式和大众参与，如果没有法治为保障，民主集中制也可能脱离民主主义范畴而变质。

比较而言，在具有悠久专制主义传统的国家，搞集中制相对容易，难的是民主主义的各种制度的形成和约束机制的建立，因此很多国家都出现了因集中过度而民主不足带来的问题。而在被长期殖民的国家，因为殖民者分而治之的战略遗产，社会中的军阀、贵族势力很强大，在民主化运动中往往是以民主之名搞党争，而国家决策权威不够，结果自由民主在这些国家形成了无效治理，甚至更严重的灾难。

近代中国经历了上百年四分五裂、一盘散沙的历史，权威的集中制无疑是一种必需品。但是，集中过度而导致的社会自由、社会创造力的窒息以及党内民主的阙如而导致的政治灾难，又迫切需要将集中制置于民主主义的制度矩阵之中。因此，确立民主集中制的民主主义政治属性，以及由此而带来的观念上的改变，对于民主集中制的常态化不无裨益。

三、作为“矛盾体”的民主集中制

还是在语义学上，尽管“民主集中制”是一个词，但还是有很多人把它理解为两种制度即民主制和集中制，那么这两个词不是对立的吗？以二元对立的方式看待民主集中制，是典型的西方社会科学的思维方式，比如国家与社会的二元对立、民主与专制的二元对立，而中国人更讲究“对立性事物”的统一性，即老子的“反者道之动”，讲究的是事物之间的相互转换。对于把民主与集中对立的看法和疑问，毛泽东早在延安时期就给出如下回答：

> 民主和集中之间，并没有不可越过的深沟，对于中国，二者都是必需的。一方面，我们所要求的政府，必须是能够真正代表民意的政府；这个政府一定要有全中国广大人民群众的支持和拥护，人民也一定要能够自由地去支持政府，和有一切机会去影响政府的政策。这就是民主制的意义。另一方面，行政权力的集中化是必要的；当人民要求的政策一经通过民意机关而交付与自己选举的政府的时候，即由政府去执行，只要执行时不违背曾经民意通过的方针，其执行必能顺利无阻。这就是集中制的意义。只有采取民主集中制，政府的力量才特别强大，抗日战争中国防性质的政府必定要采取这种民主集中制。①

① 毛泽东．毛泽东选集：第2卷．2版．北京：人民出版社，1991：383.

民主和集中的融通性，对中国人而言是一种很正常的思维方法和工作方法。

不得不在比较意义上说，在语义学上，如果说民主制与集中制是矛盾的，那么自由民主即自由主义民主的矛盾性和其中的紧张关系更加明显。很简单，自由主义讲的是个人权利尤其是财产权，而民主是大众的平等，即合法地通过立法的形式剥夺少数人的财产，其间的紧张关系可见一斑。正是因为这种冲突性的紧张关系，自由民主理论家萨托利才不厌其烦地论证，如果自由民主之锚泊定于自由主义，那将是民主的幸运；相反，如果自由民主偏重于作为平等的民主，作为政体的自由民主则必然再度灭亡①。

民主和集中尽管是可以融通的，但毕竟是两个结构性变量，这就涉及如何实现结构性均衡的问题。结构性均衡既是一个抽象的理论问题，也是实践中的具体问题。在抽象的理论上，任何政治制度都是由一套彼此关联的制度矩阵而构成，彼此之间要相互适应，实现动态中的均衡而不是稳定不变的平衡。民主集中制需要动态均衡，自由民主也需要如此，萨托利论证自由民主的均衡性原理同样适用于民主集中制。他这样说："假如西方式的制度是自由主义加民主的产物，他们就会不断提出对各组成部分进行内部再平衡的问题。这种断言并不等于说该平衡应当是一种稳态（更何况静态）平衡，即突出表现为倾向于恢复制度原状的消极反馈。它们也可能是一种不稳态的平衡，以积极进取的反馈方式对制度进行变革。事实上，在历史上，我们最终达到的永远是各种各样的平衡结局，也就是对它们的组成部分进行各种组合与调配而达成的平衡。然而，一种社会制度要想保

① 萨托利．民主新论．北京：东方出版社，1993：394－398.

持统一，它就必须始终获得某种均衡性的再平衡。在一个特定制度中，假如所有因素都在导致不平衡，就是说，没有出现补偿性力量，这个制度只有土崩瓦解。”①

确实，如果说自由主义与民主的不均衡导致了很多国家的问题，比如党争太激烈而导致的治理失效，那么不均衡的民主集中制最终导致了苏联的瓦解。在整个斯大林时期，民主主义的集中制名存实亡，只有专权而无民主，导致勃列日涅夫时期的社会大停滞；而戈尔巴乔夫时期又是有大民主而无集中，民主化、公开化、透明化彻底瓦解了必要的集中制，苏联最终土崩瓦解。因此，什么时候民主多一些还是集中多一些，在理论上需要把握均衡，而在实践上更是一种智慧。毛泽东这样说：“在反动和内战时期，集中制表现得多一些。在新时期，集中制应该密切联系于民主制。”②毛泽东还很智慧地指出：“人民内部的问题和党内问题的解决的方法，不是采用大民主而是采用小民主。要知道，在人民方面来说，历史上一切大的民主运动，都是用来反对阶级敌人的。”③ 这确实是治国理政的要道。遗憾的是，“小民主”没有得到充分发掘，而“大民主”观念却大行其道。“大民主”最终伤害了的不但是民主本身，还有正常的集中制。

四、民主集中制的文化机理——“集体善”④

任何一套行之有效的政治体制，必须有与之相适应的文化系统为支

① 萨托利．民主新论．北京：东方出版社，1993：394－395.

② 毛泽东．毛泽东选集：第1卷．2版．北京：人民出版社，1991：278.

③ 中共中央文献研究室．毛泽东文集：第7卷．北京：人民出版社，1999：160－161.

④ 这里特意不用“公共善”，以区别于自由主义，因为自由主义也讲基于个人权利的“公共善”，但它不会讲“集体善”，它甚至不认为有什么集体福利的存在。

撑，政治使文化保持生命力，而文化使政治免于沉沦。我们已经看到世界上完全不同的文化系统均实行同一性的政治制度比如代议制民主或自由民主，结果却是天壤之别，其中的关键机理就是政治与文化的冲突性。结果，大家虽然都是"民主"国家了，但并不能避免"文明的冲突"。因此，有哲学家这样指出："政治与经济同是文化的表述，它们的效能必须与其他的文化价值观一起来评估。而且特别需要指出的是，我们认为自由主义的、个人主义的和以权利为基础的民主以及自由企业资本主义，都是西方现代性历史发展的具体产物。因此，任何试图将这些东西在各种文化中普遍化的做法都是愚不可及的。"①

自由民主在一些早发达国家运行得还不错，关键是这种制度所赖以存在的文化系统。这个文化系统就是洛克式自由主义所确保的个人权利至高无上性，而且是麦克弗森所说的"个人占有式自由主义"，即以财产权为核心的自由主义，个人权利凌驾于以社会为基础的价值之上，因为个人是权利的唯一拥有者。如果把这套价值系统即文化体系移植到中国，"就会大大改变中国的特征，实际上会将整个中国社会改造成一个外族历史叙事的终端"②。

因此，中国的政治制度，尤其是根本性的政体形式，只能建立在自己文化的基础之上，这套文化系统就是整体的善高于个人权利的儒家思想，用西方人的话说就是社群主义。巧合的是，民主集中制的属性是相对于自由主义的民主主义的，而民主主义是大众权利的产物，即社会平等化的产

---

① 郝大维，安乐哲．先贤的民主：杜威、孔子与中国民主之希望．南京：江苏人民出版社，2004：16.

② 同①17.

物。这也就意味着，民主集中制本身是一种“集体善”的追求，而不是自由主义的个人权利的张扬，“个人服从组织，少数服从多数”，就是“集体善”的经典表述。

当然，虽然民主集中制是以大众平等化权利为基础的，但并不必然要排除个人自由以及基于个人自由而产生的活力和创造性。事实上，无论是毛泽东还是邓小平，他们在谈论民主时，大多数时候谈的是由个人活力、社会活力和地方活力而构成了生动活泼的政治局面。对于自由主义的信徒而言，这套话语可能算不上民主的表述，但是，只能说这样的认识太拘泥于自由主义的教科书而忘记了自己的历史文化传统。“在西方传统中，独立自主的个人占据着重要位置。要在中国传统范围内寻找这种西方知识分子所推崇的主导思想，将是徒劳的。更重要的是，表述这些思想成分的价值观、行为以及制度同样在中国传统中不存在。”① 存在的传统就是“个人服从组织，少数服从多数”的“集体善”。这里的“组织”不但是政治组织，还包括家庭组织和社会组织。

五、民主集中制的思想基础——民本主义

不同于一般的治理形式或者技术性的制度形式，一套行之有效的政治制度尤其是根本性质的政体形式，不但要成长于特定的文化土壤之中，还必须有价值体系尤其是“主义”层面的价值体系的支撑或者基础，否则就只是一种世界通约性的治理形式、制度形式。比较而言，自由民主的文化基础是个人权利至上即权利高于善，而其价值体系则是自由主义；民主集

① 郝大维，安乐哲．先贤的民主：杜威、孔子与中国民主之希望．南京：江苏人民出版社，2004：25.

中制的文化机理是“集体善”，而其价值体系则是经过马克思主义中国化后的民本主义。

我们知道，民主集中制这个概念来自列宁，但它能在中国生根发芽而成为具有世纪性活力的政治制度，不但有其前述的深厚的文化基础，更有其治国理政的思想基础，与中国历史悠久的民本主义思想相吻合。从先秦时期的“民惟邦本”“民贵君轻”，到明末清初的“天下不能一人而治”“天下为主，君为客”，再到孙中山的“天下为公”之共和思想，尤其是毛泽东的“为人民服务”的共和思想，是一套延绵不绝的民本主义思想的不同形式的政治表述。

在延安时期，毛泽东已经形成了其完整的治国理政思想。毛泽东把民主集中制与其共和思想联系在一起，他说：“只有民主集中制的政府，才能充分地发挥一切革命人民的意志，也才能最有力量地去反对革命的敌人。‘非少数人所得而私’的精神，必须表现在政府和军队的组成中，如果没有真正的民主制度，就不能达到这个目的，就叫做政体和国体不相适应。”① 在毛泽东那里，政体是民主集中制，而国体则是人民当家作主的共和国，即后来所说的无产阶级领导的工农联盟为基础的人民民主专政。关于民主集中制与国体的关系，毛泽东这样说：

> 在我们国家，如果不充分发扬人民民主和党内民主，不充分实行无产阶级的民主制，就不可能有真正的无产阶级的集中制。没有高度的民主，不可能有高度的集中，而没有高度的集中，就不可能建立社会主义经济。我们的国家，如果不建立社会主义经济，那会是一种什

① 毛泽东．毛泽东选集：第2卷．2版．北京：人民出版社，1991：677.

> 么状况呢？就会变成修正主义的国家，变成实际上是资产阶级的国家，无产阶级专政就会转化为资产阶级专政，而且会是反动的、法西斯式的专政。①

毛泽东所说的是一套特定时期的话语，即基于阶级分析的共和制概念的话语表达。但是其中的政治思想价值是显然的，那就是民主集中制是一套实现共和国的政体。在毛泽东那里，共和国又是什么样子呢？就是其引用的“非少数人所得而私”的“为人民服务”的国家，是孙中山的“天下为公”。无论怎么表述，其中的民本主义思想的色彩是很浓厚的。

值得指出的是，过去所有的民本主义思想只是停留在思想层面，或者是各级官员所奉行的一套指导思想，而无实现这套思想的制度或者中介机制。所不同的是，作为政体的民主集中制不但是民本主义思想的政治制度，而且还有实现民主集中制度的中介集中即我们耳熟能详的群众路线。对此，毛泽东有很多经典的论述，比如“从群众中来，到群众中去”的群众路线思想，并把群众路线作为中国共产党成功的一大宝贵经验。关于民主集中制与群众路线的关系，毛泽东这样说：

> 没有民主，不可能有正确的集中，因为大家意见分歧，没有统一的认识，集中制就建立不起来。什么叫集中？首先是要集中正确的意见。在集中正确意见的基础上，做到统一认识，统一政策，统一计划，统一指挥，统一行动，叫做集中统一。如果大家对问题还不了解，有意见还没有发表，有气还没有出，你这个集中统一怎么建立得起来呢？没有民主，就不可能正确地总结经验。没有民主，意见不是

① 毛泽东著作选读：下册．北京：人民出版社，1986：822－823.

从群众中来，就不可能制定出好的路线、方针、政策和办法。我们的领导机关，就制定路线、方针、政策和办法这一方面说来，只是一个加工工厂。[①]

如果把群众路线和民主集中制联系在一起，民主集中制的民本主义思想基础就更容易理解了。群众路线说到底是讲人民的重要性，即儒家自古以来的“以民为本”思想。

这样，群众路线、民主集中制、民本主义之间的逻辑关系就很清楚了。群众路线是实现民主集中制的中介机制，民主集中制是具体实现共和制的政治制度即政体，而中国的共和制必然是以“以民为本”的民本主义思想为纲。反过来说也成立，正是因为有了民本主义思想指导下的“天下为公”的共和制，才会有更好的民主集中制政体，而民主集中制的健康实践则少不了实践这种政治制度的群众路线以及其他形式的民主。

六、实现民主集中制的微观机制

作为政体的民主集中制是宏观性结构，而宏观结构的政治制度的生命力无疑需要微观机制来丰富和充实，否则名称再美好的政治制度都会落空。也就是说，理想要落地，需要一套实现理想的中介机制。当我们特别提出民主集中制的微观机制的时候，我们并不缺少实现集中制的机制或制度，比如各级党委就是专门为集中而设立的机关。因此，这里的微观机制主要是民主的方面，即如何建立更多元而有效的民主形式以健全民主集中制。

---

① 毛泽东著作选读：下册．北京：人民出版社，1986：819.

第一，作为特殊民主形式的群众路线。前述的民本主义思想之下的群众路线无疑是一种中介机制。对于陷入自由民主话语体系而难以自拔的人来说，很难理解为什么把群众路线与民主联系起来，他们甚至在心理上拒斥群众路线这样的概念。殊不知，作为自由民主理论大师的萨托利和英格尔哈特，都把回应性当作民主的根本，认为不能回应民众需求的民主最终都是“无效的民主”。在回应性意义上，无论是选举式民主还是参与式民主，并不必然多于群众路线所产生的回应性效应。常识还告诉我们，选举式民主是可以被强势利益集团操纵的，而参与式民主的主体在能力和力量上也是不平等的，因此这些民主形式所表达的利益渠道与效果都是不平等的。也正是在这个意义上，自上而下的群众路线倒是可以弥补其他民主形式与生俱来的不足，让民意更能成为政策议程。可以说，其他的民主形式都是可以模仿甚至移植的，唯有以民本主义为文化和思想基础的群众路线难以模仿和移植。

第二，选举民主。我们反对选票至上，但并不意味着选票不再重要，选举毕竟是民主的最原始、最重要的形式之一。但是，选举民主如何运用？社会矛盾主要来自纵向的基层政治、横向的单位—社区政治以及政治功能层面。对于解决政治功能问题（比如权力滥用），选举民主就无能为力。但是，在基层单位和社区层面，选举民主就是重要的，因为大家彼此了解，如果上级强行任命，人们的不满是自然的；而且不满的人们会迁怒于体制和执政党，认为正是因为有了这样的制度才有“带病上岗”的单位领导。

第三，协商民主。《中共中央关于全面深化改革若干重大问题的决定》指出，要推进协商民主广泛多层制度化发展。在笔者看来，如果说在横向层面的基层单位—社区急需选举民主，政治功能层面则急需协商民主。政治功能其实也是分层次的，比如事关日常生活的居住环境问题，社区和街道建设问题，以及知识界和媒体所关心的政府部门浪费性预算、无效预算、非生产性预算问题，都需要协商民主制度。地方和基层的协商民主已经有了实践甚至是成型的模式，亟待建设的是政府部门决策中的协商民主制度。

第四，参与式民主。从本质上说，选举民主和协商民主都是参与民主，但是它们并不能解决所有层次和所有功能上的问题，而把余下空间的百姓的参与归类为参与式民主。参与式民主主要适用于纵向层次的政治生活，既包括基层政治中的政治参与，也包括中观层面的利益集团的活动，还有全国层面的政治参与。具体形式有：上访、听证会、意见表达以及利益集团的游说活动等。其中，上访是因为百姓的个人利益受到侵害，听证会是关乎群众的切身利益问题，而意见表达则是知识分子特有的关心国家大事、国家前途的表现。这样，本来适用于纵向层次的参与式民主则有了最多层次的色彩，既有个人利益和群体利益，还有全国性利益和公共利益，可谓民主形式的多样性所体现出的政治生活的生动性。百姓有参与，政府有回应，正是民主政治的最生动体现，也是民主政治的最本质写照。

第五，分权民主。如果西方人把宪政称为一种民主形式，我们更有理由把分权政治与民主联系在一起，称之为“分权民主”。这样说不仅有政治理论上的资源支撑，还因为分权本身最符合民主的本义。

民主的最基本的含义就是人民当家作主或者多数人统治。分权可以找回原始意义上的民主，即让“人民”直接行使各种权利。这是因为，对于早发达国家而言，现代国家的形成就是权力集中化或中央化的过程，从而大大削弱既有的地方自治。为此，托克维尔无比正确地指出，追求民主的法国大革命却强化了中央集权而削减了地方自治。就此而言，中央对地方的分权难道不是重新找回“人民”的过程？因此，中央对地方的分权其实就是一种民主化的过程。

对于后发国家而言，国家建设与早发达国家的次序不同，即早发达国家依次是社会（自治）、经济组织、政治权力集中化，而后发国家则是在一盘散沙的基础上先有政治权力的集中与统一，然后扶植大的经济组织，最后再建构社会。也就是说，政治权力淹没了一切，没有经济和社会，一切都政治化了。集中了一切权力并进而垄断了一切资源的国家又需要大转型，即培育自主的经济组织和自主的社会组织。在这一大转型过程中，中央要向地方分权以形成权力分享与共治的中央—地方关系，政府要向企业分权以形成好的市场经济，国家要向社会分权以形成好的国家—社会关系。这样，权力和资源集中化或中央化是现代国家建构的第一阶段，而去中央化或去集权化的大转型又成为国家建设的第二阶段。后发国家的国家建设中的大转型，无疑是民主化的一个部分，或者可以成为“民主的去集权化”或干脆称之为“分权民主”。在《论美国的民主》中，托克维尔谈论的民主就是平等、分权和社会自治。

值得指出的是，上述几种民主形式中的选举民主和协商民主，不仅是民主集中制的民主阶段，在集中阶段也是不可或缺的政治形式，比如重大事项、重大人事安排中的票决制和协商制，都是集中阶段的重要组成部分，没有民主的决策就是毛泽东所说的“霸王”而不是“班长”。也正是在这个意义上，我们说民主集中制在政治属性上是民主主义的。

第三节
作为政体的民主集中制

中国的国家建设路径，既不同于以英美为代表的商业集团主导的以社会为中心的所谓的社会中心主义，也有别于法国、德国和日本的官僚制主导下的以国家为中心的国家中心主义，而是党作为国家的组织者，其时间顺序和组织路径是：建党—建军—革命—国家制度。这样一套独特的国家建设路径决定了，必须寻求那种既能解释国家也能解释党的政治理论。或者说，只有把党和国家有效连接在一起的理论才是有效的政治理论。民主集中制正是这样一种政治理论，它从党的组织原则演变为国家政权的组织原则，并同时是党和国家的本体论性质的组织原则。也可以说，我们常说的“党和国家”之间，存在一个内在的组织逻辑关系，存在一个连接党和国家的桥梁，那就是民主集中制。没有民主集中制，就难以理解党和国家领导体制，也难以理解党何以治国。

一、民主集中制政体的思想

作为政体的民主集中制思想来自列宁。

众所周知，殖民主义的一个副产品就是催生其他国家、其他民族的民族主义意识的觉醒，因此民族主义成为 20 世纪新兴民族国家建设的一个重大挑战，也是对新兴国家政权组织的挑战。在这种大历史背景下，列宁指出，社会主义国家的政权组织形式是中央集权制即政治学上所讲的单一制，但是这个单一制必须是民主主义的，即民主集中制。列宁这样说：

> 在各种不同的民族组成一个统一的国家的情况下，并且正是由于这种情况，马克思主义者是决不会主张实行任何联邦制原则，也不会主张实行任何分权制的。中央集权制的大国是从中世纪的分散状态向将来全世界社会主义的统一迈出的巨大的历史性的一步，除了**通过**这样的国家（同资本主义**紧密**相联的）外，没有也不可能有别的通向社会主义的道路。然而，决不能忘记，我们维护集中制只是维护**民主**集中制。①

这段话讲的是如何处理社会主义国家的多民族关系，即实行民主集中制原则。同时，在列宁著名的民族自决权理论中，他这样讲：

> 民族自决权只是一种政治意义上的独立权，即在政治上从压迫民族自由分离的权利。具体说来，这种政治民主要求，就是有鼓动分离的充分自由，以及由要求分离的民族通过全民投票来决定分离问题。因此，这种政治民主要求并不就等于要求分离、分裂、建立小国，它只是反对任何民族压迫的斗争的彻底表现。一个国家的民主制度愈接近充分的分离自由，在实际上要求分离的愿望也就愈少愈弱，因为无论从经济发展或群众利益来看，大国的好处是不容置疑的，而且这些好处会随着资本主义的发展而日益增多。承认自决并不等于承认联邦

① 列宁．列宁全集：第 24 卷．2 版增订版．北京：人民出版社，2017：148－149.

制这个原则。可以坚决反对这个原则而拥护民主集中制，但是，与其存在民族不平等，不如建立联邦制，作为实行充分的民主集中制的唯一道路。[①]

这段话事实上包括两种完全不同的语境。一是在存在帝国主义的殖民地国家，被压迫民族完全有民族自决权即民族解放；二是在社会主义多民族国家，因为不存在民族压迫，即使为了保证各民族的平等而实行联邦制，但联邦制也是民主集中制下的一个组织制度。

中国共产党在 20 世纪 20—40 年代也曾经有过联邦制主张，甚至在 1946 年政治协商会议上还主张联邦制。但与此同时，将党的组织原则转化为国家政权的组织原则，在延安时期已经明确形成了。在 1940 年的《新民主主义论》中，毛泽东这样说：

至于还有所谓“政体”问题，那是指的政权构成的形式问题，指的一定的社会阶级取何种形式去组织那反对敌人保护自己的政权机关。没有适当形式的政权机关，就不能代表国家。中国现在可以采取全国人民代表大会……，这种制度即是民主集中制。只有民主集中制的政府，才能充分地发挥一切革命人民的意志，也才能最有力量地去反对革命的敌人。“非少数人所得而私”的精神，必须表现在政府和军队的组成中，如果没有真正的民主制度，就不能达到这个目的，就叫做政体和国体不相适应。[②]

在 1945 年的《论联合政府》中，毛泽东说新中国的政权组织应该是

① 列宁．列宁全集：第 27 卷．2 版增订版．北京：人民出版社，2017：257.
② 毛泽东．毛泽东选集：第 2 卷．2 版．北京：人民出版社，1991：677.

人民代表大会制度，而人民代表大会制度的组织原则是民主集中制：

> 新民主主义的政权组织，应该采取民主集中制，由各级人民代表大会决定大政方针，选举政府。它是民主的，又是集中的，就是说，在民主基础上的集中，在集中指导下的民主。①

因此，可以认为，中国共产党曾主张的联邦制在 20 世纪 20—30 年代是中央—地方关系，到了 40 年代则是指处理各民族关系的原则，而整个国家政权则是实行民主集中制。

《论联合政府》中的民主集中制既是人民代表大会制度的组织原则，又是政体形式的来源。应该看到，政体理论是抽象的，而任何政体之下都有一套根本性制度、基本制度或组织制度为支撑；如果一个国家的政体是民主集中制，政体之下的各种结构性制度都是民主集中制，也就是理所当然的。因此，实在没有必要去争论民主集中制到底是人民代表大会制度的组织原则，还是政体的组织原则。民主集中制就是政体，而政体是由一套制度构成的制度矩阵。

毛泽东在延安时期的建国理论直接成为新中国宪法的指导思想，甚至宪法文本本身。1954 年宪法“总纲”第一条规定了新中国的国体：“中华人民共和国是工人阶级领导的、以工农联盟为基础的人民民主国家。”第二条便是政体：“中华人民共和国的一切权力属于人民。人民行使权力的机关是全国人民代表大会和地方各级人民代表大会。全国人民代表大会、地方各级人民代表大会和其他国家机关，一律实行民主集中制。”

1954 年宪法中的民主集中制专指国家机构的组成方式，即国家行政机

① 毛泽东．毛泽东选集：第 3 卷．2 版．北京：人民出版社，1991：1057.

关由人大产生并对人大负责。到了 1982 年宪法，民主集中制不但包括横向的国家权力组织方式，还包括纵向的国家结构形式即中央—地方关系的组成方式。1982 年宪法第三条规定：“中华人民共和国的国家机构实行民主集中制的原则。全国人民代表大会和地方各级人民代表大会都由民主选举产生，对人民负责，受人民监督。国家行政机关、审判机关、检察机关都由人民代表大会产生，对它负责，受它监督。中央和地方的国家机构职权的划分，遵循在中央的统一领导下，充分发挥地方的主动性、积极性的原则。”

可见，中国人在政体的认识上有一个不断拓展的过程，即政体不但包括横向的国家权力组织方式，还包括纵向的国家结构形式即中央—地方关系的组成方式。事实上，这才更符合政体理论本身的意义。政体说到底是统治权以及围绕统治权而建立的权力关系，简单地说政体是权力关系的总和。据此，不同时代的政体内涵是不一样的。在城邦国家时期，因为是一种典型的政治社会，而且不存在现代国家意义上的规模以及由此而导致的中央—地方关系，政体主要是指统治权。亚里士多德的定义是：“一个城邦的职能组织，由以确定最高统治机构和政权的安排，也由以订立城邦及其全体各分子所企求的目的。”[①] 这里，政体至少由三个方面构成：第一是组成城邦的目的即今天所说的“立国价值”；第二是统治权；第三是围绕统治权而建立的政权的安排即国家机构。即使在城邦国家时期，亚里士多德已经提出了政权的安排包括三权，即议事、行政和审判，这是我们看到的三权分立的源头所在。据此，后来的学者才把三权之间的关系总结为议

① 亚里士多德．政治学．北京：商务印书馆，2008：181.

会制政体、总统制政体和混合制政体。

到了现代国家时期，存在一个古典理论不曾面对的国家规模问题。这样，回答大规模国家如何组织起来的政体理论就适时出现了，比如单一制和联邦制。国内新的政体理论研究成果是，到了市场经济时代，权力关系不但包括狭义政治范畴的国家机构和央地关系，经济权力即资本权力事实上已经是一种左右政治权力的不可忽视的权力。因此，考察市场经济时代以后的政体理论离不开政治—经济关系的维度。资本权力是重要的，同样重要的还有社会权力，因为现代政治的一个重要特征便是政治的大众性。这样，政治—社会关系或国家—社会关系的维度也是现代政体理论所不能忽视的[①]。也就是说，今天的政体理论不再是单纯地讲国家机构这个纯粹的政治，还有经济和社会两大变量，政体是政治、经济和社会三大关系的总和。

这样，在中国，事实性政体内涵除了宪法所规定的国家机关组成形式、中央—地方关系，还应该包括政治—经济关系和国家—社会关系。我们发现，在中国，无论是传统意义上的政体形式即国家机关组成方式和中央—地方关系，还是改革开放以后所衍生出来的政治—经济关系和国家—社会关系，都有形或无形地体现了民主集中制原则。

二、国家机构的组成原则

按照宪法规定，中国国家机构实行由人大产生并对人大负责的民主集中制原则，其中人民代表大会制度本身就是民主集中制的集中体现。

---

① 曾毅．政治科学视野下的政体观研究：从旧制度主义到新制度主义．北京：中国人民大学，2013.

首先，人民代表大会制度的民主性。我们常说人民代表大会制度是一种最高权力机关即人民主权的象征。其实，人大制度不仅体现了民主理论中的人民主权原则，还有实现人民主权的中介机制即代表制民主和协商民主制度。在社会主义国家的政治实践中，人民主权思想已是政权建设的基本原则。人民主权原则是以抽象理论原则和根本性制度形式而体现出来的，而人民主权的生命力则来自实现人民主权的具体民主形式。

第一，代表制民主。在大规模的现代国家，人民主权的实现形式之一便是代表制，即人民的代表代表人民实现自己的意志，其中代表与选民的关系至关重要。在我国，各级人民代表大会不但具有地域代表制的特征，而且还有按行业建制的色彩。作为一种非竞争性的、非职业化代表的制度安排，代表组成具有选区和行业的双重特征，其中以行业性体现选区，也就是说，每个选举单位的代表主要是行业代表。按功能团体建制，是一种从程序角度保证人民性得以实现的制度安排。

第二，协商民主。协商民主属于一种程序性民主，强调的是公共权力运行和达成共识的过程。虽然西方民主理论中的“协商民主”（deliberative democracy）在 20 世纪后期才得以成型，但在政治实践上，中国共产党人却有着悠久的协商民主实践。“从群众中来，到群众中去”是一种协商民主，延安时期的“三三制”是一种协商制度，新中国成立之后的政治协商制度更是协商民主制度的集大成者。可以说，协商民主是社会主义民主的独特优势。

在理论上需要深化认识的是，尽管人民代表大会制度建立在选举基础上，但其中同时也存在着丰富的协商民主实践，协商性是人大制度运行的鲜明特色。在实践中，人大与政协之间、人大内部的代表团或小组之间、代表团或小组内部的成员之间，都强调对话、讨论和协商，以达成立法或决策方面的共识，使决策符合全体人民的共同意志。正是因为这种制度运作方式，人大的各项立法和决策具有极高的民意基础。

作为一项民主制度，人民代表大会制度是实质民主与程序民主的统一体，其理论基础相应包括作为实质民主的人民主权论和作为程序民主的代表制理论与协商民主理论。没有相应的可操作性的程序民主，理想性的实质民主就难以落地，民主制度的价值就会打折扣。因此，正如习近平所指出的："切实防止出现人民形式上有权、实际上无权的现象"①。要做到形式与实际的统一，迫切需要在改革中创新民主的程序性制度。

其次，人民代表大会制度的集中性。人民主权原则的实现既要有程序性的民主形式，也要有能将各种程序民主统合起来的制度安排，否则就会如同我们看到的很多转型国家陷于代议制民主之下的党争民主而不能自拔。邓小平曾经说过："我们实行的就是全国人民代表大会一院制，这最符合中国实际。如果政策正确，方向正确，这种体制益处很大，很有助于国家的兴旺发达，避免很多牵扯。"② 联想当下很多转型国家党争民主下的困境，更能体会到邓小平朴素语言中的大智慧。在我国，这种统合程序民主的制度既完整地体现在党章中，也在宪法中有着明确的规定，具体体现为党的领导原则和议行合一原则。

第一，党的领导。关于我国的根本政治制度，完整的说法应该是"党

① 习近平．习近平谈治国理政：第2卷．北京：外文出版社，2017：290.
② 邓小平．邓小平文选：第3卷．北京：人民出版社，1993：220.

的领导下的人民代表大会制度”。习近平指出，“保证党领导人民有效治理国家，切实防止出现群龙无首、一盘散沙的现象”[1]，这既是对中国历史和现实的客观描述，也是比较之后的经验总结。

西方的政党政治产生于资产阶级革命之后的议会政治，政党在议会活动中形成，在议会内部有党团，因此政党只是利益集团性质的政治组织。和西方政党政治完全不同的是，中国共产党是建国创业的党，是一盘散沙的国家的组织者，建国路线图是“建党—建军—革命—建国（国家机构)”。因此，党领导人大是历史的内生性逻辑，不能用基于西方历史的宪政主义理论来“关照”中国的历史和现实。在理论上，党领导下的根本制度的优越性应该得到更深入的研究和认识。

那么，党如何来领导人大？在制度设计上，人大内部有党组，通过法定程序将党的主张变为国家意志。习近平指出：“要不断加强和改善党的领导，善于使党的主张通过法定程序成为国家意志，善于使党组织推荐的人选通过法定程序成为国家政权机关的领导人员，善于通过国家政权机关实施党对国家和社会的领导，善于运用民主集中制原则维护党和国家权威、维护全党全国团结统一。”[2] 这里，法定程序之上的民主集中制，是认识党与人大关系的基本原则。

第二，议行合一。议行合一原则是第一个无产阶级政权巴黎公社的首创，是民主集中制政体的一个重要组成部分，是与代议制民主下的三权分立相对立的理论和制度。因此，民主集中制相对于代议制民主的优势的一

① 习近平．在庆祝全国人民代表大会成立 60 周年大会上的讲话．北京：人民出版社，2014：21.

② 同①6－7.

个实现形式便是议行合一制度。在我国宪法中，议行合一原则主要体现在国家机构的组成原则上，“一府两院”由人大产生，对人大负责，人大并对之履行监督之责。

作为一种运行近 70 年的制度，议行合一固然有其不完善之处，比如人大的监督职能有待充分发挥，但是相对于发展中大国的三权分立而导致的相互对立、相互扯皮而使国家发展、人民福祉裹足不前的困局，议行合一原则所表现出的制度优势有目共睹。

三、中央—地方关系的组成原则

根据我国宪法，中央—地方关系是在中央统一领导下，充分调动地方的积极性和主动性。中央的统一领导，讲的是国家结构形式中的单一制或者中央集权制，即中央是主权的代表和权力的来源，地方只是主权者的代理人，中央—地方关系是委托—代理关系。这是传统意义上的单一制。

经过 40 多年的改革开放，中国的中央—地方关系已经发生了结构性变化。我们知道，中国的改革是以分权为起点的，即中央分权给地方以调动地方的积极性和主动性，国家分权给社会以形成社会的自我管理和社会自治，政府分权给市场以形成市场经济和充分调动个人的积极性与能动性。完全可以说，改革开放本身就是一个民主化进程，是一种分权式民主形成的过程。没有民主，就没有活力，也就没有今天的经济成就。

那么，已经发生结构性变化的新型中央—地方关系到底是如何贯彻民主集中制原则呢？如果说改革开放前的中央—地方关系是典型的单一制，那么改革开放后的中央—地方关系则是政治与经济的一定程度的游离，即形成了政治单一制和经济联邦主义的二元化结构。所谓政治单一制，就是在党管干部的民主集中制原则下，确保中央对地方的政治、人事的领导，具体体现为副省级以上干部由中央组织部直接管理，人事权进一步保障了中央对地方的政治领导。在政治关系上，中国是全国一盘棋的局面。

在经济关系上，出现了治权的分享与共治（即学理上的财政联邦主义）的格局，中国的分税制和治权的地方化都是经济联邦主义的经典案例。地方所享有的治权的分享和共治，事实上就是一种分权式民主。

中央—地方关系的结构性变化意味着，地方不再只是单一制下的纯粹的代理人角色，地方政府尤其是市县级政府，已经变成了利益主体，而且地方利益主体之间竞争而产生的积极性和活力，正是中国历代领导人所讲的“民主”。比如邓小平这样说：“调动积极性是最大的民主”，“把权力下放给基层和人民，在农村就是下放给农民，这就是最大的民主。我们讲社会主义民主，这就是一个重要内容”①。托克维尔在《论美国的民主》中就是在分权和社会自治意义上大讲人民主权。因此，下放权力、让人民自由的改革开放本身就是民主权利实现的过程。

地方治理的民主性和政治集中性，已经是中央—地方关系中的新型民主集中制。

四、政治—经济关系的事实性构成原则

一个国家的政治—经济关系样式，既体现其治理模式，也体现了一个国家内部的真实的利益关系，即集团与集团之间的关系、阶级与阶级之间

① 邓小平．邓小平文选：第3卷．北京：人民出版社，1993：242，252.

的关系。在自由资本主义的美国，是典型的经济决定政治；而在市场经济的东方国家比如韩国、日本、新加坡，政治与经济的关系更复杂，“发展型国家”是对这些东方国家的概括。

中国不但不同于美国，也不同于韩国等国家，经济力量很重要，但最重要的还是政治权力，政治尤其是政治制度具有决定性作用。这个前提决定了中国的政治—经济关系属于政治主导型发展型国家。

“发展型国家”是西方学者研究日本战后奇迹而提出的一个概念，其要素是：一个有效能的官僚组织，一个能让行政队伍实施创新和有效行事的政治制度，顺应市场经济规律的国家干预经济，一个像通产省这样的经济发展的导航机构。简单地说，“发展型国家”是指在以保护市场为导向的政治体系里，基于为发展经济而建立起来的行政机构，有效地规划国家经济并干预国家经济，从而实现经济腾飞。

按照这种界定，在政治—经济关系上，中国的“发展型国家”比东亚其他政治体更典型，但是中国的发展型国家也是“民主集中制”体制下的一个中国经验。

首先，就其构成要素而言，一是能让行政制度有效地实施其经济规划和经济干预的政治体系，具体而言就是中央财经领导小组、中央农村工作领导小组等党的领导下的国务院相关经济主管部门；二是中国行政部门虽然存在不少问题，但是其公务员个人能力基础上的整个行政队伍所体现的国家能力，是不容置疑的；三是专事规划国民经济的宏观经济调控部门即国家发展和改革委员会，尤其是国务院组成部门中的大多数机关都是专事经济管理的机关。

其次，就其经济运行机制而言，中国的“发展型国家”特征也最突出。十年规划、五年规划、中央年度经济工作会议，都是值得重视的实施国家综合发展的有效机制。五年规划似乎是传统社会主义的遗产，但这并不意味不是值得珍惜的遗产，何况法国这样的发达资本主义国家在战后也有五年规划之类的机制。如果说五年规划是中期的发展蓝图，十年规划则是长期的国家发展的综合性计划。这些机制保证了国家发展的连续性，而这种有规划的连续性发展，是美国这样的体制所不可能想象的，也是美国精英所艳羡但所不能得的。

如果说"发展型国家"更多地体现了政治—经济关系中的集中性，那么在过去几十年里"发展型国家"的一个结果就是社会主义市场经济体制的形成。既然是市场经济体制，企业自由是必然的。事实上，中国民营经济对国民经济增长的贡献率已经达到70%，同时80%以上的就业机会也是民营企业提供的。民营企业如此的比重和重要性自然会在中国的政治经济过程中发挥影响和作用。这主要表现在两个方面：一是在经济发达的东南沿海地区，在地方人大代表的构成中，民营企业家的比重越来越大，这样地方人大以及由人大而产生的地方政府不能不顾及民营企业家的利益。二是民营企业家已经有能力影响国家的宏观政策，比如他们所推动的非公有制企业与国有企业同等机会和地位的国家立法与相关政策。也就是说，中国的政策过程中的声音已经多元化了，而多元化正是民主的一个重要特征，或者说是民主的构成部分。

概言之，中国政治—经济关系的事实性构成原则是民主集中制。也正是因为这样的体制，使得中国的政治—经济关系不可能变成美国式的资本决定政治权力的结构，中国只能是政治权力主导经济、主导资本权力的结构。任何一个结构都不会让所有人满意，比如美国的结构有利于资本集团，中国的结构则有利于普通民众。这便是中国制度和美国制度的根本性不同之所在。

五、国家—社会关系的事实性构成原则

改革开放之前，中国的国家—社会关系是依附性链条关系，即个人依附于单位，单位依附于政府，政府依附于国家，即个人—单位—政府—国家，国家权力无处不在。伴随着社会主义市场经济的形成，不但出现了不同于国家和社会的资本权力，社会的重要性也愈加突出，比如过去未曾出现过的“社会治理”一词就最能说明问题，社会治理与国家治理、政府治理、经济治理等概念并驾齐驱，可见“社会”的重要性。

中国有社会自治的古老传统，比如自古皇权不下县即县之下的家族自治，明清之际的行会组织，民国时期的商会自治尤其是上海的金融商会组织，因此讲社会自治没必要与被制造出来的“公民社会”概念扯在一起。也正是因为与生俱来的传统，所以改革开放之后中国的新兴社会组织如雨后春笋般成长起来，目前在民政主管部门登记注册的有近百万家。

在鼓励社会组织自主和自我管理的同时，国家对社会组织实行有区别的限制。同时，在转型过程中，原来基于产业、行业而设立的政府主管部门转型为全国性的行业协会，或者把政府主管部门的一些权力下放，转换成其下属的行业组织。

社会治理中一方面有自由，另一方面有国家严格的控制和限制，这种国家—社会关系在西方政治学理论上属于“国家统合主义”，即国家主导的可控的有效组织起来的行业组织能积极参与政治过程和决策过程。而在中国政治术语里就是典型的民主集中制原则，社会组织的自主性管理是民

主的，而国家的控制和限制则是集中制的。

在上述四大结构性维度中，即横向的行政体制、纵向的央地关系、横向的政治—经济关系和纵向的国家—社会关系，无不贯穿着民主集中制原则，或者说，中国这样一个大国依靠民主集中制原则而得以组织起来并有效地运转。民主集中制不仅体现在政治制度和组织制度上，更是统帅政治过程的一个大原则。

第四节
作为决策过程的民主集中制

一、作为决策原则的群众路线

相对于政治制度和组织制度的民主集中制原则，政治过程中的民主集中制原则更容易理解，中国人也更熟悉。决策过程中的民主集中制的经典表述就是“从群众中来，到群众中去”的群众路线，以及“民主基础上的集中，集中指导下的民主”。完整的决策过程中的民主集中制阐述还是来自毛泽东关于如何实行民主集中制的讲话，他指出：

> 没有民主，不可能有正确的集中，因为大家意见分歧，没有统一的认识，集中制就建立不起来。什么叫集中？首先是要集中正确的意

见。……没有民主，就不可能正确地总结经验。……

我们的集中制，是建立在民主基础上的集中制。无产阶级的集中，是在广泛民主基础上的集中。各级党委是执行集中领导的机关。但是，党委的领导，是集体领导，不是第一书记个人独断。在党委会内部只应当实行民主集中制。……如果不是这样，就是一人称霸。这样的第一书记，应当叫做霸王，不是民主集中制的“班长”。①

这是关于民主集中制决策过程的最经典的表述。在决策前占有正确的、全面的信息需要民主的群众路线，而集中“意见”即决策过程的党委会也需要民主制，不能搞书记一言堂。

二、新时代的群众路线

民主集中制的决策原则在 21 世纪有了系统的发展。根据国务院的规定，重大决策已经把公众参与、专家咨询、风险评估、合法性审查和集体讨论决定，作为决策的必经程序。决策民主或行政民主，已经是学界公认的中国民主政治的重大进展和突破之处。

不仅涉及利益攸关方的决策体现了作为行政民主的民主集中制，那些事关国家未来的重大改革规划，也是民主集中制的产物。在立法上实行“开门立法”，许多直接涉及群众切身利益的法律法规草案都向全社会公开征求意见，取得了比较好的效果。

三、民主集中制：将制度优势化为制度效能

作为决策过程中的民主集中制，能将现代化的国家治理体系转换为现

---

① 毛泽东．毛泽东著作选读：下册．北京：人民出版社，1986：819－820.

代化的国家治理能力，或者说民主集中制是沟通国家治理体系与治理能力的中介机制。比较而言，很多发展中国家徒有现代化的治理体系而无治理能力，关键在于政治过程中实现机制的缺失。在现代世界，现代性的一个特征就是国家之间的政治制度越来越雷同，比如印度、巴基斯坦和英美一样都是代议制民主，但是为什么治理状况有天壤之别？所以，将治理体系和治理能力一体化而不是二元对立化，正是看到了中外各国的制度与治理之间的内在复杂逻辑。

治理体系与治理能力之间的内在逻辑就是政治过程中的政治组织原则问题。过去我们常说经济基础决定上层建筑，政治反作用于经济。这样的说法无疑简单化了。如果把一个国家比作由若干同心圆构成，从核心到外围依次是政治制度圆、经济制度圆、社会制度圆和历史文化圆，其中最核心的政治制度要素固然要适应作为环境性要素的经济、社会和历史文化，但是最核心的力量怎么可能总是被决定而不起主导作用呢？马克思早就说过在权力横行的地方商品经济发展不起来，中国秦以来更是政治权力主导社会的历史。但是，就是这样一个明确无误的道理，长期以来被庸俗化了，政治的作用只是变成了“反作用”。

习近平在庆祝全国人民代表大会成立 60 周年大会上的讲话有利于人们进一步理解制度体系的内在逻辑。习近平提出了政治制度的“决定性作用”：“一个国家的政治制度决定于这个国家的经济社会基础，同时又反作用于这个国家的经济社会基础，乃至于起到决定性作用。在一个国家的各种制度中，政治制度处于关键环节。”[①] 这种“新表述”既还原了马克思主

① 习近平．在庆祝全国人民代表大会成立 60 周年大会上的讲话．北京：人民出版社，2014：19.

义的基本原理，也道出了中国历史的制度变迁规律。

好的国家治理体系的核心是政治制度，因此与治理能力最密切的制度还是政治制度。通俗地讲，面对需要治理的复杂问题，需要有解决问题的愿望和意志，而意志需要相应的制度、体制或机制去实现，这个过程体现的就是国家治理能力。也就是说，制度是将意志变为现实的中介机制。没有中介机制，再宏大的、理想的制度结构都只能陷于空转而不起作用。

在中国，这个中介机制就是我们常说的民主集中制。强调民主集中制原则，是习近平在庆祝全国人民代表大会成立60周年大会上的讲话中一个最突出的内容。民主集中制可以“形成治国理政的强大合力，切实防止出现相互掣肘、内耗严重的现象”，保证了“有效治理国家，切实防止出现群龙无首、一盘散沙的现象”①。在中国这样一个人口规模巨大国家，没有个人自由、社会自治、市场经济等民主的原初形式，就没有社会活力；没有社会活力，就没有改革开放以来取得的巨大成就。同样，在中国这样一个空前复杂的国家，没有决策权威，也很难想象会有今天的局面。比较而言，很多发展中大国都是有民主而无决策权威，发展因此步履蹒跚。不只是发展中国家，就连美国这样的发达国家，也因为其政策过程中的“否决型体制”而难以推动国家急需的公共政策和基础设施项目。这一切都是因为立法和决策过程中的“否决者联盟”力量太过强大。

政治过程中民主集中制的比较优势有目共睹，而其优势的持续性则需要决策过程中更多的“民主主义”，让民众更多地参与到决策过程中，民众的利益得到更好的保护，使这个体制的回应性更强也更有弹性和活力。

---

① 习近平．在庆祝全国人民代表大会成立60周年大会上的讲话．北京：人民出版社，2014：21.

第五节
更加发扬民主集中制原则

民主集中制原则从写进中国共产党党章至今，历经 100 多年的历史，从最初的党—军组织原则，到新中国的政权组织原则，再到改革开放之后围绕政权的组织制度的组织原则，可谓历久弥新。能够称得上政治模式的制度，必然是有时间维度为基础的，而且是有强大生命力的。如果说革命时期的党—军组织原则是民主集中制的 1.0 版，新中国成立之后的社会主义革命和建设时期是民主集中制的 2.0 版，改革开放之后的 40 多年则是民主集中制的 3.0 版，是一个版本不断升级的过程。这个不断升级的过程和西方政体理论的演进路径是一致的，即起初只是亚里士多德所说的统治权，到了现代国家则演变为围绕统治权而建立起来的行政体制（比如议会制与总统制）、中央—地方关系（比如单一制与联邦制）。有解释力的政体理论一定是与时俱进的。停留在古希腊城邦时期的政体理论是没有意义的，用一种政体理论来解释其他国家的政体也是不可思议的。

更重要的是，没有哪种政治模式像民主集中制原则这样，既是权力结构的组织原则，又是这一权力结构的运行原则，充分体现了组织形式与组织过程的统一性。比如，世界上另一大政体即自由民主政体在组织形式上限于选举民主，但在政治过程中却被资本权力所主导。自由民主政体是两张皮，其组织形式是民主的，而组织过程及决策过程所体现的则是寡头政治，是不平衡的多元主义即寡头利益集团主宰下的决策。组织形式与组织过程具有一致性的政体显然比不一致的政体更具有理论上的正当性和道义性。也正是因为其理论优势，才体现为治理效能上的强大优势，这是中国与实行代议制民主即自由民主政体的发展中国家的比较结果。

实行了百年而仍然具有强大生命力的制度，必然与其固有的文化和政治思想具有相适应之处。民主集中制能够从一种外来的制度最终成为一种内生性演化制度，是因为其基于“集体善”的文化传统并以民本主义思想为脉络。因而，这种内生性制度自然比很多发展中国家移植的“飞来峰”更有适用性和生命力。

民主集中制的生命力不但因为其已经成为一种内生性演化制度，而且因为其还是符合政治逻辑的混合制政体。政治必然关涉方方面面的关系，而且需要把各种关系有机地统合起来。因此，好的政体一定是混合制的。比较而言，自由民主政体在本质上也是混合制的，但却被诠释成以竞争性选举为标准的二元对立的理论，有竞争性选举则是民主，无则是非民主。结果，混合制政体变成了单向度理论，这种视竞争性选举为一切的单向度理论必然给其他国家带来灾难。

这种历史悠久、道义正当并客观体现政治内在逻辑的内生性演化制度，以及由此而体现出的治理上的优越性，都使得作为中国模式的民主集中制政体有资格在政治学理论乃至社会科学理论体系中占有不可或缺的一席之地。换句话说，在中国乃至在美国，谈政体如果眼中只有自由民主政体而无民主集中制政体，在学术上是极其不严肃的，在理论脉络上是残缺不全的，其比较政治研究或中国研究的意义都将大打折扣，甚至可以归类为无用之学。

第四章

国家治理能力的现代化理论

社会科学的价值在于其对时代性问题的回应和解决，但是在观念化的世界政治中，“时代主题”可能是有违世界真相的一种虚幻，由此而产生的研究范式只能误导思想界乃至有关国家的政治发展，比较政治学中的研究现代化主题的结构功能主义范式（1950s—1970s）和研究民主化主题的转型学范式（1980s—2010s）均有此嫌疑，因此比较政治学迫切需要替代性的新主题和新范式。鉴于转型学范式的失败即第三波民主化之后“无效民主”的普遍性，西方也提出了种种治理理论，但是这些理论只不过是基调不变的社会中心主义的民主化理论——发展理论的新说法而已，它们依然是西方国家自己的内在需要而非发展中国家的实际需要。本章强调，在政治主题为“治理”的时代，治理的核心是治理能力问题，而理解国家治理能力离不开古老但已经变化了的国家权力理论，国家权力的基本面向及其内在的逻辑关系直接影响着大国兴衰，这是大历史的线索，也是“反事实法”的比较政治研究的发现。据此，国家治理能力其实是协调国家权力关系的能力，它由“体制吸纳力—制度整合力—政策执行力”构成，作为一种祛价值化的实践性理论，具有系统性、分层性和非对称性的特征。不同于比较政治学前70年流行的意识形态化的必然是“制造问题”的研究范式，国家治理能力理论的追求是“解决问题”。以国家治理能力理论研究世界政治，可以发现不同国家在不同层面各有长短，均面临不同层面的治理危机，不存在包治百病的对所有国家都适用的总体性“解决方案”。国家治理能力理论是一种基于中国历史文化和政治发展而演绎出来并体现亚里士多德式政治学的学术而非观念至上的理论。

第一节 “时代主题”与社会科学研究范式

一、时代主题及其问题

时代主题决定着研究者的研究方法或者研究范式，这应该是常识性的学术路径。但是，“时代主题”既是物质的，也是精神的，甚至精神的多于物质的。伴随着“经济再生产”的是“文化再生产”，知识阶层的产品就是观念，因此“世界”是观念的建构，所谓的“时代主题”必然是观念建构起来的。这一点并不难理解，对于同一个现存的物质世界，不同的观念有着不同的认知，人的行为是按照“认知的世界”去发生的。20 世纪中国关于时代主题的“和平与发展”的认知就是鲜活的例证。

观念建构起来的世界必然要有相应的观念化路径即我们常说的范式去研究；然而，研究范式与“时代主题”的关系取决于研究者的判断和政治需要。在 19 世纪，“时代主题”就是资本主义的国际化即帝国主义殖民主义，因此服务于这个主题的是种族主义的“白人优越论”，当时的很多自由主义者比如约翰·密尔、托克维尔同时还是帝国主义论者。二战之后的世界政治，随着后发国家的批量兴起，“时代主题”无疑应该是如何建设新国家即现代国家建设和治理问题，但是在意识形态化的世界里，即冷战时期的世界政治，“观念的世界”所建构起来的“时代主题”先后是现代化（1950s—1970s）和民主化（1980s—2010s），研究范式则相应地为政治发展理论之结构功能主义和转型学。今天我们可以这样说，虚构出来的“时代主题”和相应的研究范式掩盖了时代的真问题，从而使得时代问题不能得以真正解决，甚至引发更多的次生性灾害。

对于现代国家建设这个真正的“时代主题”而言，相应的研究范式应该是国家建设理论，而国家建设必然是多维度的复杂工程。但是，西方的“现代化”理论取代了或者掩盖了作为“现代性”的国家建设主题，因为西方的“现代化”理论讲的是一种确定性，必然是以西方制度为标尺的，非西方国家必须以西方制度为尺度而建设；而“现代性”则包含着非确定性，即现代性的要素比如资本主义和大众政治，在不同的文化和社会结构中可能呈现完全不同的形式和结果。也就是说，以“现代性”为取向的现代国家建设理论，承认的是文化的多样性所导致的政治的多样性，而西方的“现代化”理论则必然意味着全世界都走向西方人的政治制度并过着西方人的政治生活。这样，在 20 世纪 50—70 年代，取代现代国家建设主题的是片面的现代化主题，研究范式则是所谓的结构功能主义，相信经济发展带来民主，认为非西方国家只要拥有阿尔蒙德所规定的 7 种功能，就能实现所谓的“现代化的政治结构”①。结果，非西方国家非但不是政治发展所实现的现代化，反而是亨廷顿所说的政治衰败。

政治衰败诱发的政治问题尚未解决，即国家建设的任务依然是发展中国家所要解决的难题，到了 20 世纪 80 年代，美国政治学又引入了民主化主题以及相应的转型学研究范式，即所有非西方社会必将转型为西方政

① 阿尔蒙德，等．发展中地区的政治．上海：上海人民出版社，2012.

治。所以，民主化还是现代化的一个子主题，可见西方中心主义的连续性和顽固性。30 年后，美国主流学者比如美国传统基金会副主席卡罗瑟斯撰文称，必须放弃转型范式，转型国家基本失败，美国政府坚守那种已经失效的范式并不利于美国对外推广民主，学者坚守那种概念也无助于新知识的生产①。很多国家的政体转型了，但却是"无效的民主"，"无效的民主"其实就是无效的政体，无效的政体是以无效的治理为依据的。也就是说，从西方的"现代化"理论到民主化理论，尤其是民主化理论，都在围绕"政体"兜圈子，结果都不能有效地解决新兴国家的内在问题。"政体"无疑是重要的，但问题是"政体"背后有太多的东西被忽视，比如文明基因、社会结构等决定性变量。这并不是说西方政治学不研究作为文明基因的政治文化，但政治文化变成了趋向民主化的变量：从阿尔蒙德的公民文化②，到英格尔哈特的价值观表达研究③，再到普特南的社会资本理论④，都是为民主化服务的。不得不说，这一切都是以西方制度作为新兴国家的标准来丈量。

二、何种"治理"

在这场意识形态的世纪性大较量中，很多新兴国家的"政体"确实变成了西方国家的期盼，但结果如何呢？无效治理已经成为非西方国家的一

---

① 奥唐奈，施密特．威权统治的转型：关于不确定民主的试探性结论．北京：新星出版社，2012；卡罗瑟斯．转型范式的终结//杨光斌．比较政治评论：2014 第 1 辑总第 3 辑．北京：中国社会科学出版社，2014.

② 阿尔蒙德，维巴．公民文化：五个国家的政治态度和民主制度．杭州：浙江人民出版社，1989.

③ 英格尔哈特．发达工业社会的文化转型．北京：社会科学文献出版社，2013.

④ 普特南．使民主运转起来：现代意大利的公民传统．南昌：江西人民出版社，2001.

种普遍性梦魇并如影随形。对此，从 20 世纪 90 年代开始，与“民主”一起流行的关键词是“治理”，“治理”终于继现代化、民主化之后成了第三个“时代主题”。

虽然“治理主题”已经流行近 30 年，但是和现代化、民主化主题不同，并不存在社会科学界统一接受的治理研究范式。笔者认为，西方提供的各种治理理论，其最终的命运也不会好过前两个研究范式。原因和前两个一样，这些治理理论基本上是西方国家自己的内在需求，而不是非西方国家的实际需求，或者说并不符合非西方国家的社会结构。和现代化、民主化理论一样，西方的治理理论都是按照自己的政治经济模型对照非西方国家，非西方国家缺什么就补什么，而不是基于非西方国家的社会结构和文化，以及这些社会结构事实上能够干什么。更重要的是，西方主流的治理理论基本上是社会中心主义的，即以个人权利为中心的，而非西方国家的问题是米格代尔所说的“强社会中的弱国家”[①]，国家本身支离破碎，家族统治盛行[②]。鉴于此，世界银行经济学家给出了相反的结论，1989 年世界银行报告《撒哈拉以南非洲：从危机走向可持续增长》中首次出现了“治理危机”（crisis in governance）一词，并在之后几年直接提出“投资人民”的“善治”方案[③]。治理理论的主要创始人之一詹姆斯·罗西瑙将治理定义为一系列活动里的管理机制，与统治不同，治理的主体未必是政府，也无须依靠强制力量克服挑战而使别人服从[④]。在笔者看来，尽管治

① 米格代尔．强社会与弱国家：第三世界的国家社会关系及国家能力．南京：江苏人民出版社，2012；米格代尔．社会中的国家：国家与社会如何相互改变与相互构成．南京：江苏人民出版社，2013.

② 汤普森．非洲政治导论．北京：民主与建设出版社，2015.

③ World Bank. Governance and development. Washington D. C.：World Bank，1992：6.

④ 罗西瑙．没有政府的治理．南昌：江西人民出版社，2001.

理理论也讲国家与社会之间的合作，但其核心还是社会中心主义的政治方案。福山这样反思治理理论：发展中国家的社会本来就强而国家脆弱，加强社会力量的治理方案必然起到相反的效果①。

治理理论不过是其以前的无效的“发展理论”的代名词，以为只要有了西方国家的“好制度”“好政策”，后发国家就能发展起来，就能得到有效治理。在这种条件下，曾经鼓吹“历史终结论”的福山开始转型，谈现代国家建设的三要素——强国家、法治和民主问责，“强国家”终于进入自由主义的视野②。此外，还有很多关于“政府质量”或“民主质量”的研究，比如以推广自由民主为宗旨的《民主杂志》（*Journal of Democracy*）上讨论“好民主”的八要素——法治、参与、竞争、垂直问责、水平问责、公民与政治自由、政治平等和回应性，这是旨在突破二元对立式的民主测量范式，以复杂维度区分民主运行中的“优质民主”与“劣质民主”③。无论是“政府质量”的研究，还是福山的三要素，都因其彼此之间没有内在的逻辑性关联而不被学术界普遍接受④。

显然，西方人谈论治理的意义、语境根本不同于中国。对于绝大多数中国人尤其是中国政府而言，谈治理肯定是“国家治理”，即国家主导的各种治理，包括社会治理、经济治理、政府治理以及全球治理。早在20世纪初，梁启超文章中提到的“善治”其实是如何强国问题；到了治理

---

① Fukuyama F. Why is democracy performing so poorly? . Journal of democracy，2015，26（1）.

② 福山．政治秩序的起源：从前人类时代到法国大革命．桂林：广西师范大学出版社，2012；福山．政治制度与政治衰败：从工业革命到民主全球化．桂林：广西师范大学出版社，2015；Fukuyama F. Reflections on Chinese governance. Journal of Chinese governance，2016，1（3）.

③ Larry Diamond，Leonardo Morlino. The quality of democracy：an overview. Journal of democracy，2004，15（4）.

④ Yang Guangbin. Watching Chinese politics under the mirror of the end of history：dialogue with Francis Fukuyama on his reflections on Chinese governance. Journal of Chinese governance，2016，2（2）.

话语铺天盖地的当下，2013 年中共十八届三中全会提出的“推进国家治理体系和治理能力现代化”（简称“国家治理现代化”），完全不同于西方的社会中心主义的治理理论，还是中国传统的国家中心主义的国家治理。

一个似乎不用讨论的问题是：中国需要研究国家治理能力吗？在政体理论上，中国是一个中央集权制国家，国家权力看上去无所不及、无处不在，相应地国家能力强大无比。这显然只是一种感觉或者说感性认识，而未深入到中国政治的过程。美国人李侃如和奥克森伯格 1988 年关于中国“碎片化权威”[①] 的看法有几分真实地描述了当时中国国家权力体系与国家能力之间的关系，即权威被不同的利益部门、不同的地区所分割了[②]。必须回答为什么中央集权制的国家在 21 世纪初的 10 年很多改革推动不下去，比如红十字会的社会化改革失败、“非公经济 36 条”难以落实。在常规治理中，按照“减法”原则的改革，比如煤炭安全生产监管权的下放，反而导致每生产百万吨煤的工人死亡率大幅度上升[③]。所有这些都告诉我们，中国的国家能力没有想象的那么强大，需要在改革中得以加强。所以，改革不但有“减法”，同时还要做“加法”。

2013 年党的十八届三中全会提出的“国家治理体系和治理能力现代化”，引发了全社会、整个社会科学界的热议和回应。但是，检索既有的研究成果发现，学者们基本上都是围绕什么是国家治理体系和国家治理能

① Lieberthal K，Oksenberg M. Policy making in China：leaders，structures and processes. Princeton，N. J.：Press of Princeton University，1988.

② 杨光斌，李月军．中国政治经济过程中的利益集团及其治理．学海，2008（2）．

③ Jia Ruixue，Nie Huihua. Decentralization，collusion and coalmine deaths. Social science electronic publishing，2012，52（3）．

力而谈当下中国的治理情况，大多属于意义性阐释、实践性解释，缺乏一个范式性的“一般理论”（the general theory）去引导这样一个时代性主题。经验告诉我们，很多重大的时代主题，如果没有相应的一般理论框架（学术界习惯称为研究范式）去支持，最终都会成为流行一时的口号而不能成为一种话语权。只有形成相应的一般理论框架并由一批有志于此的学者去运用、分析或批判，重大的政治命题才会得以更有生命力的延续。

这里试图回答两个问题：一个是马基雅维利式的政治关怀，即在推进国家治理现代化中，如何避免犯颠覆性错误，这就需要重新认识国家权力中的基本关系；第二个是学术关怀，力图建构一个理解国家治理的研究范式，笔者认为其关键是国家治理能力问题，因此建立国家治理能力理论，以打开理解国家治理能力的黑箱。二者之间的关系是，国家治理能力是建立在理解国家权力原理基础上的，在笔者看来，国家治理能力就是协调国家权力关系的能力。因此，要建立国家治理能力理论，前提是弄清楚国家权力原理。

第二节

国家权力原理

在人人谈论“治理”的时代，关于“国家权力”的研究似乎有点陈旧。但是，千万不要被事物的表象所迷惑，治理的第一要义还是统治权问题。其实英文中的治理和统治是一个词，在牛津词典中，governance 被解释为“to rule over”和“controlling”，即“统治权”和“控制权”。没有统治权这个前提就无从谈西方人今天所谓的治理。国家权力就是围绕统治权而展开的，对于政治家而言，颠覆性错误则可能表现在混淆了国家权力关系而制定了错误的战略性政策。

一、国家权力的基本面向

国家权力是一个古老的概念，但是最近在知识论上已经取得一定程度的突破。流行的韦伯式国家概念是：“在特定领土范围内垄断了使用武力的正当权力的政治组织”[①]。米格代尔称韦伯式国家概念是“观念中的国家”，即意味着“实践中的国家”其实不是韦伯式的强国家。米格代尔并不完全正确，韦伯是根据自己国家或者欧洲国家的经验而定义的国家概念，当然是一种实践中的国家观，只不过不能很好地理解非西方国家尤其是那些部落式国家。在很多非洲国家，事实上的国家是支离破碎的，韦伯式国家概念无法解释这些后发国家。也就是说，社会科学有其历史逻辑为支点，社会科学基本上是早发国家的经验的产物，后发国家的经验也应该进场。

在国家理论上，更大的进展来自被称为韦伯之后最伟大的历史社会学家的迈克尔·曼，他认为国家权力的结构性要素包括政治权力、经济权力、军事权力和意识形态权力[②]。也就是说，研究国家权力，不但要研究

---

① 马克斯·韦伯．经济与社会：上卷．北京：商务印书馆，1997：82.

② 迈克尔·曼．社会权力的来源：第1卷．上海：上海人民出版社，2002.

传统的政治权力，还要研究政治权力的基础性权力即经济权力和意识形态权力。在实践中，很多出了大问题的国家，不是因为军事权力出了问题，也不是政治权力本身出了问题，而是受制于经济权力和意识形态权力。因此，本章从理论和世界政治实践出发，在“常识”意义上谈论国家权力，认识国家权力与国家治理能力的关系，以及国家治理能力与国家安全（治理危机）的关系，力图重新建构流行的“国家治理能力”理论。

迈克尔·曼的《社会权力的来源》告诉我们，政治权力即我们常说的政权，是阶级冲突和军事战争的产物，也就是说，政治权力只不过是政治斗争的一种结局而已。查尔斯·蒂利也早就告诉我们，“战争制造国家”，其实这里面就包括了军事权力与经济权力两大要素。进而，军事力量的基础又是什么？军事制度、组织水平以及战略战术固然很重要，但离开了征税系统和军粮供给系统，组织得再好的军队也难以运转，也就是说，军事权力的基础是经济权力。历史上，一个政治共同体或国家的权力并非都是有形的，信仰本身就是权力的象征或国家权力的基础，中世纪宗教战争如此，冷战更是一种信仰体系之间的较量。因此，意识形态权力是国家权力的重要组成部分，不能被忽视掉。那么，到底如何认识这四种权力呢？

在迈克尔·曼那里，按照权力发生的时代性或次序，依次为意识形态权力、经济权力、军事权力和作为结果的政治权力。

意识形态权力。意识形态权力是通过语言、文化学习和宗教而传播并影响人心的力量。在前现代社会，官方语言就是支配性权力，比如殷商时期最重要的权力就是真人的占卜。在官僚制形成之后的古代中国，尤其是“独尊儒术”之后，国家权力的基础并不是韦伯所谈的欧洲国家的两个支柱即军队和官僚制，而是儒家思想和官僚制，即国家的基本秩序从来不是靠军队维系的，军队只是对外，国内则是一种基于文化或“教化”的生活方式或自发秩序。在欧洲中世纪，因思想控制权而形成的等级、地位更为突出，即地位稳固不但来自对财富的占有，更来自专业技能如军事才干和知识垄断权如僧侣和寺院。也正因为如此，在韦伯看来，推动社会变迁的不仅是技术、生产力，还有文化即思想观念。这是韦伯对马克思的补充，即在承认唯物论的基础上突出文化对于制度变迁的重要作用。

现代世界与其说是物质力量的竞争，不如说是精神力量的较量。工业革命在带来巨大的物质财富的同时，也带来精神财富的几何级数的增长，产生了一个专门生产知识和思想观念的“知识阶层”，其对世界政治的影响无论如何都不能被低估。在过去一百多年的世界政治里，没有什么权力比能操纵人的观念、思想和意念的那种权力更有力量了。正如汉斯·摩根索所言，伴随着经济帝国主义的，必然是文化帝国主义，而只有文化帝国主义的成功才算帝国政策的真正成功①。

经济权力。经济权力是国家权力看得见的来源和基础。经济权力的表象是 GDP 总量，背后则是经济制度、经济工具和经济思想（即意识形态权力）。如果说经济权力的表象层次是 GDP 财富总和，第二个层次是经济制度，第三个层次是工具形态，第四个层次则是经济思想。虽然 2008 年世界金融危机已经证明市场原教旨主义的新自由主义的失效，但新自由主义在中国经济学界仍具有不可忽视的影响。如何评估经济思想对于经济权力（其实是国家安全）的直接影响，依然是个开放性的问题。

经济思想是经济权力中的核心权力，比如新自由主义经济学对全世界

① 摩根索．国家间政治：权力斗争与和平．简明版．北京：北京大学出版社，2012.

的灾难性影响。离开了经济思想而去简单地以制度、工具、财富总和测量一个国家的经济权力，是一种看似科学但实际上并不能反映客观效果的做法。

军事权力。历史上大多数国家权力是由军事权力直接缔造的，正如毛泽东说的“枪杆子里面出政权”[①]，蒂利也说“战争制造国家”。军事权力如何强大？在欧洲历史上，罗马共和国因士兵“爱国”而强大，中世纪封建领主的军队则依靠骑士的忠诚。所以，在中外历史上，“士气”都是不输于“兵器”的重要力量。除了士气和兵器，军队的组织形式或军事制度之于“士气”的组织和充分发挥作用很大。在这方面，毛泽东显示了卓越的军事组织才能，“三湾改编”和古田会议确立了党指挥枪原则，从思想上彻底武装红军。正因为如此，在兵器现代化程度远不及国民党军队的情况下，中国人民解放军依靠“小米加步枪”打败了美式武装的国民党军队。同样，美军的“绞杀战”打败了意大利半岛上的德军，但却不能阻吓朝鲜战场上的中国人民志愿军，这同样是“士气”与“兵器”的较量。总之，士气、兵器、组织形式，是中外历史上强大军事权力均不可或缺的有机性要素。

政治权力。政治权力是其他权力作用的结果，也是国家权力的最直接表征形式或国家权力的行使形式。因此，和国家权力的性质一样，政治权力具有普遍的强制性，是对特定疆域的人和事的排他性管制，是暴力机器的唯一垄断者，因而具有天然的暴力潜能。这是我们非常熟悉的韦伯式国家观或权力观。但是，正如米格代尔的研究所发现的，韦伯的强国家只是

① 毛泽东．毛泽东选集：第2卷．2版．北京：人民出版社，1991：547.

据欧洲经验而来的国家权力，而在欧洲国家之外的很多发展中国家，比如一些非洲国家，事实上不是强国家，而是“强社会”，封建地主、部落领主、商人、军阀、土匪盘踞在碎片化的社会里。也就是说，“实践中的国家”在非洲与韦伯式国家观完全不同。在这些国家，不存在统一的意识形态权力，军事权力碎片化，经济权力只是“生存政治”即不择手段生存的方式而已。

迈克尔·曼不仅划分了国家权力的四种面向，其关于政治权力的“专制性权力”与“基础性权力”的划分，更是大大丰富了我们关于政治权力的知识和观念。所谓“专制性权力”，就是统治者不与社会协商而主观武断地或强制性地推行自己意志的权力；“基础性权力”则是权力渗透到社会结构中、统治者与社会协商而贯彻自己意志的权力。在迈克尔·曼看来，很多国家只有专制性权力而缺乏基础性权力。国内有学者将“专制性权力”看作政治权力，而将“基础性权力”视为国家能力①。这种区分并不符合迈克尔·曼的原意，专制性权力为什么不属于国家能力范畴？在笔者看来，二者其实都是国家权力的范畴，属于不同的行使形式而已。

二、几种权力关系的内在逻辑及其国家治理意涵

政治权力的强弱并不是简单地视其强制力、对暴力的垄断程度而定，而是看在国家—社会关系中相互赋权、相互传递正能量的程度。在笔者看来，迈克尔·曼基于大历史而抽象出来的新国家理论即新国家权力要素理论，具有强烈的实践取向，对国家治理有着直接的政治启示。当然，这取

---

① 李强．国家能力与国家权力的悖论：兼评王绍光、胡鞍钢《中国国家能力报告》．中国书评，1998（11）．

决于我们对于几种权力关系相互关联的认知程度，这里特别讨论三个问题，堪称“国家权力原理”。

第一，国家权力是几种权力互动的制度化网络。几种权力对于国家权力各自的重要性自不待言，其中经济权力是基础中的基础，它不但直接支撑着军事权力和政治权力，“经济再生产”也必然有着相应的“文化再生产”。然而，在迈克尔·曼那里，经济权力具有“弥散性”特征，即以一种更加本能的、无意识的、分散的方式分布于整合人口之中[①]，这种无处不在的经济权力既可能支撑一种政治权力，也可能支撑或者“再生产”其他意识形态权力。因此，经济权力虽然是基础中的基础，但对于政治权力而言，其确定性并不是不变的，尤其是当一个国家的经济制度呈现多元化时，不同的经济制度所青睐的政治制度并不一致，因为经济权力最容易形成利益集团化，不同的经济利益集团具有不同的政治权力诉求。因此，不能过于迷信作为GDP总量的经济权力的强大。

国家权力既然是几种权力互动的制度化网络，其大小强弱，就并不只是政治权力所体现出的强制性（力），还有国家渗透到社会并与社会协商而解决问题的能力，即迈克尔·曼所说的“基础性权力”。在笔者看来，基础性权力不仅取决于国家满足民生性质的经济权力的能力，更直接受制于作为“立国价值”的意识形态权力。这样，衡量一个国家的国家权力或者国家能力，不但要看经济权力的满足能力、政治权力的强制力，更要看意识形态权力的状况。

第二，作为国家权力之魂的意识形态权力。相比经济权力的“弥散

---

① 迈克尔·曼．社会权力的来源：第1卷．上海：上海人民出版社，2002.

性”，具有权威性特征的意识形态权力的“弥散性”特征更加明显，堪称国家权力之魂。意识形态权力的“弥散性”首先表现在，其他形式的权力都离不开意识形态权力，比如前述的经济权力中的经济思想、军事权力中的“士气”以及政治权力的“合法性论述”。如此，意识形态才被称为“立国价值”。然而，相比经济权力因无形的网络化而加强了其“弥散性”特征，意识形态权力具有与生俱来的“弥散性”，特定疆域的人们即国家理论所讲的“人口”，随时受到不同思想观念的影响，世界政治中充斥着“以观念打败观念”的政治，尤其是在“无界”的互联网时代。

在国家权力原理的层面理解现代国家建设，政治权力解决的是主权问题，经济权力解决的是民生问题，主权问题和民生问题固然是重要的，但还需要解决具有“弥散性”特征的“立国价值”问题。历史地看，新中国成立后的前 30 年解决的是主权问题即常说的“挨打”问题，改革开放后的 40 多年解决的是“挨饿”问题即经济权力问题，但“挨骂”问题即意识形态权力问题依然尚未解决。

第三，政治权力是其他权力关系互动的“时序性”结果。这既是迈克尔·曼基于大历史的经验总结，更是中国历史的写照。新中国的成立无疑是其他几种权力尤其是意识形态权力和军事权力互动的结果。但是，在观念化的世界政治中，人们似乎更容易因为理论、概念的说教而忘却最简单的历史。一句“经济决定论”，就成了社会主义国家各种改革势力的“法宝”，也是美国对华“接触”政策的理据，即在包括经济交往中改变中国。在“经济决定论”看来，既然市场经济来了，必然要有与市场经济制度相配套、相适应的政治体制和政治制度。在过去 200 年的世界政治史中，与市场经济制度相适应的政治制度就是以多党制为基础的代议制民主，这就意味着，中国的市场经济必然催生多党制的代议制民主。既然如此，现在的问题或者“总病根”都在政治制度上，必须改革政治体制以适应市场经济制度。

历史就是这么单线条吗？美国的政治制度建立于奴隶制经济的农业社会，是典型的寡头共和政体。从建国到现在的200多年里，其经济制度从奴隶制种植园主的农业经济制度，演变为工业经济制度，再演变为金融资本经济制度，社会因此出现了一次又一次的大危机，经济危机更是数不胜数。危机伴随着美国，但美国在政治体制的大变革又有几次？有几次是因为经济危机而改革其政治体制？最大的一次变革算是1964年的《民权法案》，但并不是因为经济改革推动的，不是经济的政治后果。我们知道，经济危机，尤其是社会危机，背后肯定与政治制度有关，但美国通过行政改革、立法措施等，渡过了一次又一次的治理危机。最典型的是20世纪70年代，中美苏同时处于危机之中，而且比较而言苏联的危机并不比美国和中国严重，中国和美国通过经济改革的办法解决了政治问题，而苏联则通过政治改革的办法肢解了国家[①]。这就是政治权力是其他权力相互作用的结果的“时序性”逻辑。

还有“反事实法”的比较政治研究发现，那么多的非西方国家的政治制度都按照市场经济的逻辑转型了，即转变为政治自由和市场自由，但是它们都得到有效治理了吗？无效治理如同梦魇一般纠缠着无数按照西方的“现代化”理论和民主化理论转型的非西方国家。也就是说，如果中国的政治制度也变成了民主化理论推动的自由主义民主，“反事实法”已经告

---

① 杨光斌，杨森．大国兴衰：战略抉择决定政治结局．红旗文稿，2016（1）．

诉了我们结局。

大历史和比较政治研究告诉我们，作为国家权力结果的政治权力，是人们赖以生存的基本结构，当基本结构被动摇了，国家权力就不复存在了。相反，通过经济权力、意识形态权力的改革，都可以使得政治权力更合理化。中国在基本政治制度不变的前提下所发生的种种变革，都是完善了民主集中制，民主的因素越来越多，集中的权力和范围越来越小，民主和集中更趋向平衡。需要重新审视那种把结果性权力当作原因性权力的习惯性思维，历史和实践远比理论重要，何况理论也是来自历史和实践，只不过理论可能是碎片化历史和实践知识的结果。

第三节

探索新的国家治理能力理论

一、既有研究状况

在学术思想脉络上，国家能力即中国当下语境中的国家治理能力并不是一个新概念。早在20世纪60年代亨廷顿在其著作《变化社会中的政治秩序》中一开篇就提到“统治程度”（the degree of governing）[①]，在70年

① 亨廷顿．变化社会中的政治秩序．上海：上海人民出版社，2008.

代的《民主的危机》中又提出西方国家的“统治能力危机”命题[①]。亨廷顿其实都是在说维持基本秩序的能力，当时西方国家和很多非西方国家的国家职能都面临安全与秩序的挑战。前述的米格代尔的“国家能力”则是如何把国家组织起来的统治能力。在这个“新国家主义”的知识脉络上，形成了“回归国家学派”的“国家自主性”概念，但斯考克波等并不将国家自主性简单地等同于国家能力，而是把国家能力视为完整主权基础上的忠诚且有行政能力的官员以及丰富的财政资源的总和。可以说，回归国家学派的国家能力主要是指贯彻政策的行政能力，包括财政汲取能力[②]。蒂利在研究欧洲国家形成的历史中分析国家能力的形成，认为国家能力是军事斗争的竞争强化其官僚机器的结果，把国家能力看作国家执行其政治决策的能力[③]，在某种意义上是韦伯式的官僚制功能问题。孔飞力在研究中国现代国家形成时所讲的国家能力是国家对社会的渗透和控制能力[④]。上述理论的一个共同特点是，都认为国家能力的核心就是统治能力。

国内学术界是在“统治能力”的概念之下，建立了关于国家能力的指数，比如在国内率先开展此项研究的王绍光、胡鞍钢教授的国家能力四要素论——合法化能力、宏观调控能力、财政汲取能力和强制力[⑤]，王绍光的语境是如何提高当时萎靡不振的中央财政汲取能力，而且确实成为当时中国分税制改革的理论基础。另一项代表性成果是徐湘林教授的“国家治理能力体系”，虽然也研究“国家治理能力”，但其落脚点则是“体系”，

---

① 古罗齐，亨廷顿，绵贯让治．民主的危机．北京：求实出版社，1989.
② 埃文斯，鲁斯迈耶，斯考克波．找回国家．北京：生活·读书·新知三联书店，2009.
③ 查尔斯·蒂利．强制、资本和欧洲国家．上海：上海人民出版社，2007.
④ 孔飞力，等．中国现代国家的起源．北京：生活·读书·新知三联书店，2013.
⑤ 王绍光，胡鞍钢．中国国家能力报告．沈阳：辽宁人民出版社，1993.

即其六要素论，落脚点似乎是“国家治理体系”的研究[①]。

国内外的各种“治理”研究，如各种测量治理的指数，都是“体系”或“制度”的研究，虽然间或涉及治理能力，但国家治理能力不是其关注的重点。笔者认为，所有关于治理或国家能力的研究，在解释“中国性”即“国家治理体系和治理能力现代化”上都有无力感，出现了理论与实践的巨大落差，因而需要建构一个系统性的国家治理能力研究框架。

二、国家治理能力：结构性要素

国家权力（政治权力）原理是理解国家能力的前提性知识。政治权力与国家能力的关系，在理论上和实践上依然值得继续关注。中国决策者事实上发现国家权力和国家能力不是一回事，因此才提出“国家治理体系和治理能力现代化”。这里，国家治理体系相当于本章所述的国家权力，国家治理能力相当于国家能力。基于自己的实践和既有的知识积累，中国的政治家事实上已经认识到，仅有现代化的国家权力即国家治理体系并不管用，还必须有强大的国家能力即治理能力的现代化。这也是为什么在2015年联合国发展峰会上，习近平主席主张研究“发展能力理论”[②]，而非西方的“发展理论”即今天所谓的治理理论。

国家治理体系（国家权力）是一种结构性关系，国家权力是一种“互动的制度化网络”。现代化的国家权力网络（体系）并不必然有好的治理能力，这是一个不难理解的经验性知识。现代性意味着同一性或形式上的

① 徐湘林．“国家治理”的理论内涵．人民论坛，2014（10）．

② 习近平出席联合国发展峰会并发表重要讲话 强调以2015年后发展议程为新起点 努力实现各国共同发展．人民日报，2015-09-27.

一致性，越来越多的国家都自称自由民主政体，有多党制，有议会，有公民组织，有竞争性选举，有“人人平等”，等等，“现代性”要素应有尽有。但是，为什么各国在治理能力上有天壤之别？这就让我们不得不探究国家权力与国家能力之间的关系。

我们一般把国家能力理解为决策者（政府）将自己的意志变为现实的能力。谈国家能力虽然难以脱离我们所处的现实境况，但还是要寻求一种可能的一般性原理。基于中国历史和现实，笔者认为国家能力至少要考虑以下因素：在国家—社会关系的维度上，包容和吸纳社会的能力，这是处理政治权力与社会权力（包括经济权力）关系的能力；在政体意义上，如何把一个国家的不同权力网络有效组织起来的能力，这是处理中央—地方、行政—议会等政治权力关系的能力；在政策层面，如何将自己的意志变为现实，并得以有效执行的能力，这些必然涉及政治权力与经济权力、政治权力与社会结构的关系。这样，国家能力由体制吸纳力、制度整合力和政策执行力而构成，这些能力事实上是“主权者”协调各种权力关系的能力。

体制吸纳力。一种政治体制如果能够将社会力量和社会精英有效地纳入体制，让他们自觉地而非被强制地认同并效力于这个体制，这样的政治体制就是强大的、有能力的。因此，体制吸纳力有些类似于合法性概念，再次彰显了前述的意识形态权力的弥散性和牵引力价值。在古代中国，如前所述，政治权力的两个支柱分别是儒家思想和官僚制，儒家思想有效地规制着社会秩序，而科举制则有效地更新着官僚制的能量。古代中国的政治制度，不管后人称之为什么，如封建制或者专制主义，其体制吸纳能力是很强大的，为此才有延续了两千年的中华帝国，其中的核心就是儒家思想。这无疑是人类统治史上的奇迹，没有任何一种其他体制能够在一块领土上延绵两千年。

体制吸纳力事实上要处理两对关系：一是政治权力与基层民众的关系，这里主要是满足民生需求的能力；二是政治权力与精英阶层的关系，这里既涉及经济权力，也涉及意识形态权力，即如何通过话语论述能力而包容精英尤其是知识精英阶层。比较而言，政治权力与精英阶层的关系最为复杂。其实，在精英层面，知识精英和财富精英的关系很复杂，既有冲突又有合作，从而直接影响着整体性精英阶层与政治权力的关系。

制度整合力。现代国家与古希腊城邦式国家相比，不但规模上有质的差别，比如中央—地方关系的出现；在国家的最主要要素即人口方面也有质的差别，比如同质化民族变为异质化，民族关系成为政治权力的重大挑战；权力维度上更是古代社会所未曾有过的多元化和复杂化，比如从单纯的一个层次的政治演变为国家—社会关系、中央—地方关系、政治—经济关系以及传统意义上的行政—立法—司法关系。这样，如何把多层次、多维度的专业化制度有效地组织起来，就是对国家能力或治理能力的严峻挑战，其中单靠强制力是达不到目的的。

我们反复强调的是，国家能力是一种语境性、政策实践性很强的概念，因此我们只能在经验层面谈问题。在经验层面，制度整合力的核心无疑就是政治制度的核心即政体，政体是把一个国家组织起来的根本性制度或者说手段。目前世界上典型的政体有两种，一种是代议制民主，一种是民主集中制。笼统地说，历史经验告诉我们，在历史上，代议制民主有成功的也有失败的，比如英国与20世纪30年代的德国；民主集中制也有得有失，比如中国与前苏联。因此，很难一概而论，简单评说二者之间的优劣。总体上说，代议制民主只是发达国家政治发展的结果之一，其早发优势来自其他很多因素；非西方国家的代议制民主基本上没有把哪个国家带上发达序列；中国的成功则来自民主集中制原则，把国家治理体系落实为国家治理能力的中介机制就是民主集中制。在中国，民主集中制不但是政体，也是一种政策过程[①]。

政策执行力。这是观察国家治理能力的最直观的指标，即一个国家的中央政府是否有决策的权威、是否有将政策变得可执行的权威，以及政策执行者是否有能力去执行权威意志。这样，权威的政策过程事实上包括两个部分：中央权威和有能力的公务员队伍。

由于现代性政治讲的是政治的人民性或民主性，由此便以二分法淡化传统政治的关键即权威。没有权威，一个国家便不可能正常运转；相比较古代社会，复杂性现代社会更需要权威，有了权威，政府、国家才能正常存续。“民治”是农业社会的神话，如果“民治”都能管用，就不需要政府了，而政府的存在本身，就是代表了让人又恨又爱的权威的存在。因此，政治的人民性（民主性）首先不能排斥政治的权威性。权威性直接表现为领导人的决策力，是否敢于担当、敢于负责。

权威的决策都能得到执行吗？答案是不乐观的，其中除了“互动的制度化网络”即利益联盟而形成的政策执行中的“否决点”，更有公务员队伍本身的能力和训练以及专业化程度。抽象的国家能力在很多时候依赖于公务员队伍的素质和专业化程度这种技术性难题。

由“体制吸纳力—制度整合力—政策执行力”所构成的国家能力，分

① 杨光斌，乔哲青．论作为“中国模式”的民主集中制政体．政治学研究，2015（6）．

别对应于不同领域的权力。比如，体制吸纳力不但有政治体制的开放度，还有意识形态的吸引力（话语论述能力）、对企业的财产权保护能力以及满足民生需求的能力；制度整合力不但仰仗政治权力的强度，还有制度本身的意识形态性质，比如是民本的人民性还是资本本位的利益集团性质，而这些是由诸多政治权力关系所决定的，比如政党政治关系、中央—地方关系、行政—立法—司法关系以及政治—经济关系；政策执行力在不同的政策领域可能具有不同的能力，不能笼统地说政策执行力强弱，这里区分的是常规政策、产业政策和中国的弱项即资本市场（见图 4－1）。

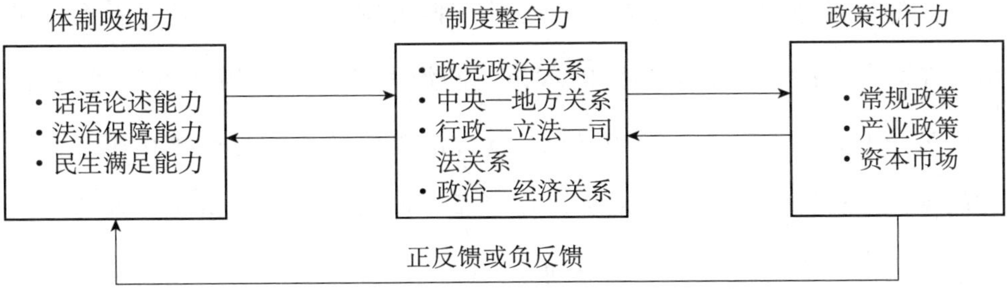

图 4－1　国家治理能力理论图示

如果说“体制吸纳力—制度整合力—政策执行力”贯穿了意识形态权力这个线条，现代社会各个环节另一个不可或缺的线条就是民主。体制靠什么吸纳社会？需要民主这个制度形式，在中国尤其需要的是协商民主、基层选举民主和作为社会民主的社会自治；制度整合力同样离不开民主，在中国就是民主集中制；权威的政策制定过程虽然很重要，但必须充满协商以换取最大多数人的支持。

三、国家治理能力理论的理论特性

由体制吸纳力、制度整合力和政策执行力所构成的国家治理能力理论，首先是为了解决治理难题，因而是一种祛价值化的理论。在理论构成上，它是一种系统性理论，也必然是一种分层性理论。系统是由子系统、分系统构成的；分层性带来能力的非对称性。系统性—分层性—非对称性，有助于我们把握一个国家治理能力的问题到底何在，而不至于笼统地停留在“提高国家治理能力”口号上，更有助于我们理解各种西方式的“治理药方”（即治理清单）可能完全南辕北辙。

祛价值化。冷战让人们生活在观念的世界里，意识形态话语无处不在。不得不说，从研究现代化的结构功能主义范式到研究民主化的转型学范式，都是典型的意识形态学，都是让非西方国家如何变成西方社会。结果，在话语上占据了道德高地的理论，并没有让世界变得更安宁更美好，反而是一地鸡毛。据此，需要寻找替代性的能够解决问题的理论范式。比较而言，如果说结构功能主义和转型学是“制造问题”的理论，那么，国家治理能力理论则是一种“解决问题”的理论。如前所述，任何国家都存在不同层次、不同领域的治理难题，很难笼统地说哪个国家的治理能力更强更好，每个国家都有需要改进和完善的地方。国家治理能力理论就是一种“因时因地”的实用性理论。这种实用性理论当然并没有或自由主义或西方中心主义的那种明确的价值取向，但是走向“善治”本身就是国家治理能力理论所追求的共同体的最高的善。

系统性。首先需要说明的是，这里的系统性无疑与戴维·伊斯顿的政治系统理论有一定的关联，比如“正—负反馈”概念，但是具体变量则与政治系统论有很大的区隔，对此无须详述。

一个社会的治理出现问题，往往因无效政策或者政策得不到执行而体现出来。其实，政策执行力只是一种结果性变量。政策之所以得不到或者不能有效执行，源自作为“主权者”的中央政府和政府部门出了问题。如果部门之间相互“否决”而中央政府又不能有效地协调，不要说执行政策，就是政策制定（即立法）都困难。这样的“弱国家”从何而来？不得不考察相应的社会结构。在一个前现代的不能组织起来的“诸侯化社会”，公共权力被“法定”分割，选举政治只不过强化了这种前现代的诸侯化结构。这是国家治理能力理论的“逆向”解读。

国家治理能力的“顺向”解读就是，社会结构制约了体制吸纳力。在一个各自为政的碎片化社会里，即在一个“普力夺社会”里，即使各结构性力量在价值观念上支持一个总体性的政治制度，比如代议制民主，但并不意味着这些“结构性变量”就是支持政治权力的，在很多未经革命改造的前现代社会中，社会结构和政治权力之间处于“断层”状态，代表社会底层的往往是“强社会”这样的“中介代表者”，而“中介代表者”和国家权力之间永远处于博弈状态。在孔飞力的著作《中国现代国家的起源》中，这个问题直到新中国的土地改革之后才得到解决，从晚清到民国，各种强大的家族势力或者士绅一直在农民和国家之间起着“居间”作用，从而蚕食国家税收，并有力量组织农民消极或者积极地对抗国家。

在一个体制吸纳力存在问题的社会里，制度整合力必然不那么强。因为国家权力由经济权力、军事权力和意识形态权力所构成，“强社会”主导的政治属于一种“新世袭主义”，各种社会力量甚至可以拥有自己的军事权力，更别说经济权力和意识形态权力了，这在非洲的部落制国家（算不上一个现代国家）比较常见。

即使在西方的国家—社会关系中，如果精英阶级的力量太过强大，也会直接影响制度整合力。福山所说的“否决型政体”，关键之一就是强大的利益集团以及在此基础上的极化政党政治。

据此，我们可以理解，治理能力的根源在于体制吸纳力，它直接塑造了制度整合力并决定了政策执行力。因此，看一个国家的治理如何或者治理能力的强弱，首先要从体制吸纳力着手。一个体制吸纳力强大的国家，基本上都是革命后社会结构（尤其是土地制度）改革的结果，美国那种未经革命而提前到来的现代性社会结构，只能用“美国例外论”来解释，其他国家不可复制。这其实关乎到如何看待革命问题。广大的亚非拉国家，虽然经历了民族解放运动，但是并没有触动既有的社会结构，尤其是土地制度，依然存在结构性不平等，这样的社会对于政治制度的支持度基本上是碎片化的。

分层性。中国人常说的政府治理、经济治理、社会治理、文化治理等概念，并非分层性，而是领域性，而这些领域性的说法本身，并不会自动提升国家治理能力，或者说，即使在一个领域内的治理问题，也只能在分层性中找到答案。这里所说的分层性，不但包括体制吸纳力、制度整合力和政策执行力，其中每一项能力又包括若干层面的制度性能力问题。如果说国家治理能力是一个整体性概念，提升国家治理能力的办法只能在分层性特征中去寻找，这是理论分析的实践意义。

在体制吸纳力上，大概念是国家—社会关系，即如何处理国家与社会的融合性关系。但是，“社会”并非单一性概念，其中既包括社会弱势群体这样的典型的“社会”力量，也包括“强社会”诸如正常社会里的知识精英和企业精英，也就是说，当西方理论创造国家—社会关系这一范畴性概念的时候，理念的创造者诸如知识精英和企业精英把自己当作和国家对立的一极，等同于受国家压制的“弱者”，这显然掩盖了问题的真相。弱者和强者与国家之间的关系是完全不一样的，因而其对国家或者体制的认同度也是不一样的。对于社会弱势群体而言，最重要的是作为社会权利的社会保障，即生活安全和基本尊严；对于强者尤其是财富精英而言，其对国家或者体制的诉求更多，有时甚至追求“公权力”或者发挥着“公权力”的作用，进而期望取而代之。这些既是历史又是现实。因此，仅就体制吸纳力而言，政治权力面对社会弱势群体和“强社会”会采取不同的态度乃至不同的行为取向。哈佛大学社会学和北京大学国情研究中心的数据显示，在中国，最支持体制的是社会弱势群体，哪怕他们曾是“群体性事件”的受害者；不满体制者，则是既得利益阶层[①]。在笔者看来，在既得利益阶层中，知识阶层和企业阶层对体制的态度有差异，而知识精英的态度又是分裂的。

体制吸纳力的分层性问题意味着，对于不同层次的问题需要拿出不同的治理方案，没有一个可以统一适用的治理方案。对于社会弱势群体而言，治理方案就是社会相对公正和生活安全得到保障；对于企业精英而言，产权保护和法治则是对策；而对于知识精英而言，如何建构一套让他们信服的话语体系则是当务之急，虽然他们中的绝大多数人并不能制造话语权，但有能力传播话语权，因而客观上成为不同政治权力的认同者。

在制度整合力上，分层性更为复杂多元，其中既有传统的政治权力内在的关系比如行政—立法—司法的关系，还有民族关系、宗教关系、中央—地方关系，更有完全不同类型的政党政治关系。因此，我们不能笼统地说政治制度存在问题，负责任的说法是政治权力中的什么部位出了问题。不管

① 怀默霆．中国民众如何看待当前的社会不平等．社会学研究，2009（1）；王浦劬，季程远．新时代国家治理的良政基准与善治标尺：人民获得感的意蕴和量度．中国行政管理，2018（1）．

什么制度，如果民族关系、宗教关系和中央—地方关系纠结在一起，都是对政治权力的极大挑战。比如，实行了代议制民主的“大中东”和其他转型国家，因为其异质化的宗教关系或者民族关系，不要说谈不上有效治理，普遍的结果是国家动荡不安乃至国家解体。又如，同样是现代性的政党政治，不同时代的政党性质是完全不同的，从最初的利益集团党比如美国的政党到后来欧洲的阶级政党，再到后发国家的民族政党以及建国党，这种历史语境下的政党所起的作用自然完全不同，不能说哪家政党政治就是“科学化”的，其他政党非得学习这家政党政治，那样必然是南橘北枳。因此，千万不要以一种制度类型去套所有国家。几乎对于所有国家而言，最重要的就是如何提升制度整合力，而且没有一个政体类型能适用于所有国家的制度整合力提升。无论是过去的西方的“现代化”理论还是当下的民主化理论，其企图都是以一种政体类型而解决所有国家的问题，无效治理是必然的。

制度整合力上的分层观，有助于学者从组织现实主义路径和“实践知识”去看待、分析问题，而不是以为有了一点书本上的“技术知识”就可以包打天下，没有能够包打天下的“技术知识”。

在政策执行力上，分层性意味着政策是分类的，说一个国家在政策执行力上出了问题，并不是说在所有政策上都有问题。比如，美国被福山称为“否决型政体”，但是其对外政策尤其是发动战争的能力，在行政和国会之间总是那么默契。政策执行力不但由利益集团化的社会结构（包括断层性的中央—地方关系比如印度）所影响和决定，更重要的是由历史时间性所造就的知识与能力的多少。人们普遍地认为中国政策执行力超级强大，以至于《纽约时报》的专栏作者弗里德曼呼吁美国做一天中国，哪怕仅仅一天[①]。但是，在不少领域，比如产业结构的转型升级、资本市场的有效规制，都不是强政治权力和经济权力所能达成的。以资本市场为例，西方已经有200年的历史，而中国从1992年开始至今仅仅30年左右，“时间性”决定了中国在资本市场的人才、文化和规则方面都具有结构性缺陷，这不是政治权力的主观意愿所能提升的。

非对称性。人口规模在5 000万以上的中大型国家，都存在国家治理能力的挑战，都有发展能力不足的危机，都急需提升国家治理能力。因此，说谁强谁弱，都是相对的。这是在比较政治的意义上而言。就一个国家而言，国家治理能力在不同的层面表现出不同的能力；不同国家的非对称性是完全不一样的，一个国家之强则可能是另一个国家之弱，但并不能因此而移植，不能以一个国家之强去克服一个国家之弱，社会结构和文明基因决定了“飞来峰”不管用。因此，非对称性特征只能体现在各国治理之中，需要各国经验去支撑这一理论特征。

就美国而言，虽然体制吸纳力似乎在1964年《民权法案》后得到解决，但随之而来的则是制度整合力问题。亨廷顿等人在20世纪70年代出版的《民主的危机》所提出的“民主国家的统治能力危机”就是针对越战后因呈几何级数增长的利益集团而扭曲的公共政策。制度整合力的结构性问题，导致其公共政策“否决者联盟”所产生的“否决型政体”。好在美国自治性的社会能够带来活力和发展。但是，如果这套只有体制吸纳力而无制度整合力的制度被推广到后发国家，必然是灾难性结局。

就印度、孟加拉国、巴基斯坦等国家而言，国家治理能力的上、中、

① 弗里德曼．世界又热又平又挤．长沙：湖南科学技术出版社，2009.

下游似乎都存在问题。在体制吸纳力上，社会虽然支持代议制民主，但族群化政党或者所谓的“公民社会”都是以自己为中心的，从而对制度整合力产生制约。印度的中央—地方关系被称为“三节棍”，政策无法有效连接。

就中国而言，其强项是制度整合力，依靠的是民主集中制，但体制吸纳力中的话语权能力以及政策执行力中的资本市场规制能力，都是结构性难题。

理论价值与实践意义。由体制吸纳力—制度整合力—政策执行力所构成的国家治理能力理论，以及这个理论特征中的系统性—分层性—非对称性，使得国家治理能力理论可以作为一个分析性概念或者分析工具，去比较研究世界政治，从而作为一种替代性的比较政治学研究范式。这样的研究范式更祛意识形态化，是为了找到治理中的真问题。据此，各个国家的问题或者说治理难点是不一样的，没有一个包治百病的药方。在这个意义上，比较政治研究回到了亚里士多德式的学术传统——对 158 个城邦国家的解剖式研究，而不再是西方的“现代化”理论和民主化理论指导下的观念化导向。历经意识形态化“范式”之苦的比较政治学，迫切需要回到其本来的位置，那就是为解决自己的问题而研究，而不是像过去半个多世纪那样，研究是为了给别人制造麻烦。

由此而产生的政策性意义在于，只有从分层性和非对称性角度看国家治理能力，才能找到国家治理的症结所在，而不是笼统地呼吁“提升国家治理能力”，更不能因为有治理上的麻烦问题而打包处理，企图寻求一劳永逸的解决方案。历史已经告诉我们，在国家治理上，不存在这样的包治百病的政治方案。这就是作为总体性方案的西方的“现代化”理论和民主化理论在实践中陷入困境的根本原因，因此必须寻求替代性的研究范式。

第四节
国际比较视野下的国家治理能力

国家治理能力视野下的比较政治（世界政治）研究与前述的两个统治性范式有着很大差异。如果说所谓的“现代化”理论和民主化理论是以西方的制度标准去度量其他非西方国家的好坏，那么国家治理能力理论则是把所有国家都置于一个水平线上去检测，看看各自的强弱和问题到底何在，是一种试图解决问题的方案。据此，本章以分层性指标去检验主要国家的政治制度和治理水平。

一、体制吸纳力的危机

所谓体制吸纳危机就是现存政府既不能获得普通民众的支持，也不能得到精英阶级的忠诚，并丧失了意识形态权力。

40 多年前，亨廷顿在分析发展中国家政治稳定因素时指出，城市是动乱之源，但只要广大农村地区稳定，一个国家就不会发生真正的颠覆性变迁。这里讲的是一般民众、中产阶级与国家稳定的关系，这种判断对于很多发展中国家而言依然管用。但不得不说，并非都是如此，在信息化时代，城市中产阶级之于政治稳定具有直接的因果关系，比如“阿拉伯之春”均是城市中产阶级运动而导致的政权更迭。

城市中产阶级或之上的精英阶级为什么会爆发反政府的活动？原因不外乎两点。一方面是体制本身的包容性，即亨廷顿所说的政治参与水平对于政治制度的冲击，政治制度如果不能包容新兴阶级，制度化水平就是脆弱的。所以，如何提高制度化水平即体制的包容性——吸纳力，是提升国家治理能力的一个重要方面。

另一方面，体制吸纳力不但表现在制度化水平上，还直接通过意识形态权力即该权力系统所提供的思想吸引力而实现。一般来说，对国内不同阶层的人而言，底层更显保守性，传统文化是他们的精神支柱；但是，对中产阶层及精英阶层而言，除了传统文化，他们还有更高、更多的政治诉求，而这些诉求通常是通过观念传递的。因此，如何提供有吸引力的意识形态，也是对国家治理能力的重大挑战。否则，即使把精英阶层纳入制度内，如果他们没有政治认同，依然是“身在曹营心在汉”。

在意识形态吸引力上，最典型的莫过于“独尊儒术”的观念建构，因此才有两千年传承的中华帝国，朝代变了，治道和政道都不变，这就是独一无二的统治史，也是古代社会统治能力的超级典范。

比较而言，在近代国际政治中，国家之间比拼的就是硬实力，因此赢家和输家秉承的都是“永恒的利益原则”。但是，在二战之后即当代世界政治中，国家之间不但是硬实力的比拼，更是思想和观念的较量，结果就是美国“打赢了一场没有硝烟的战争”。

苏联的意识形态吸引力存在问题，意识形态系统热衷的是根据马克思主义经典著作而诠释的社会主义阶段论理论，认为已经走到社会主义的高级阶段。这个理论与普通大众到底有什么关系？可以说苏联当时处于一种理论的极度贫困状态。

与没有自己的经济学理论相比，更可怕的是没有自己的政治学理论。在改革遇到挫折之后，戈尔巴乔夫闭门造车，写出《改革与新思维》，提出公开化、透明化、民主化，企图以观念革命推动革命性变革，而不是对制度本身进行渐进的改革和建设。结果，从 1987 年起的“三化运动”，在短短的两年时间内彻底摧毁了苏共的合法性——两年时间内媒体开放，以痛斥社会主义为乐的知识分子获得了极大的满足感，因此他们是“三化运动”的马前卒。在那两年里，凡是批判的、反体制的，都是政治正确的，否则就是改革中的保守派，是反动派。

丧失了道德战场的戈尔巴乔夫，把激进的政治理论一步推到极端，即以民主化为名而移植一个西式政体模块，废总书记而改总统制。但是，尴尬的是，苏联的总统是议会间接选出的，而当时的俄罗斯联邦总统叶利钦是民选的，在民意上胜过戈尔巴乔夫①。

这就是苏联从改革到解体的一般过程。在美国学术界，学者们既谈苏联解体的制度原因，也讲戈尔巴乔夫个人和意识形态嬗变的原因，还讲大战略即美国的“星球大战计划”拖垮了苏联。国家兴衰肯定是综合性的原因导致的，其中有主要原因也有次要原因。遗憾的是，这样一个关乎国家命运、国家建设的宏大而精深的理论问题，在中国却变成了简单的政治标签。说意识形态原因，被贴上“左”的标签；说制度上的原因，被贴上“右”的标签。“文革”式贴标签的做法，丝毫不利于我们冷静、客观地分析苏联解体给予我们的国家建设启示。

---

①　杨光斌，郑伟铭．国家形态与国家治理：苏联—俄罗斯转型的经验研究．中国社会科学，2006（4）．

事实上，正是因为意识形态丧失了吸引力，或者说因为“三化运动”而形成的从精英到普通民众的厌恶感和离心力，才有近两千万党员面对苏共解散无动于衷的局面。对此，应该反思执政集团本身的作为，为什么在长达 70 多年的执政时间里都不能提出新思想新概念新表述？相反，其对手美国不但占领了民主的道德高地即“自由民主”，甚至把这一理念嵌入其教材，进了课堂，入了脑子，甚至几乎洗了全世界政治学者的头脑，全世界的政治学研究紧跟美国政治学而变成了民主化研究。

总之，体制吸纳力不但要求制度包容性，更要求意识形态吸引力。能否提升国家治理中的这两大能力，是衡量国家治理能力的关键指标。

二、制度整合力的危机

晚清时期的中国，从财政总量到百姓与精英阶层对“大清”的忠诚度，都没有大的问题，但为什么依然政权不保？笔者认为关键在于组织制度：社会力量的能力遇到前所未有的危机。这种情形并不鲜见，比如在很多发展中国家，精英阶层在意识形态上也是高度认同转型后的自由民主，但为什么就是难以实现有效治理？关键在于整合制度的能力上。

现代国家的权力结构问题。制度整合力的危机首先来自政治权力的结构性问题。产生于前现代的农业社会的政治结构，诸如三权分立与权力制衡，尤其是美国式三权分立，是否已经出现了危机？福山称美国的政治制度是“否决型政体”，即总统或行政机构在很多时候、很多方面都不能施政。原因在于：首先是政治司法化，即政策的形成往往要通过个人诉讼而经历漫长的司法过程，司法裁判成为案例，即所谓的普通法中的案例法原则。这样，司法权事实上享有了制定政策的权力。其次则是以利益集团和政党政治为主体的党争民主。议员代表民意，是理论上的抽象，而在实际上就是代表碎片化选区的选民的碎片化利益。选民利益至上，必然以政党政治形式表现出来，结果便是议会中的不妥协的党争。代议制民主在过去运行得不错，在笔者看来有两个原因：一是政治中的人民性还不充分，而越战尤其是石油危机之后的西方，呈现了“参与内爆”的局面，利益团体呈几何级数增长，利益之争更加白热化。二是冷战结束使得外部安全因素褪色，冷战时期尚可一致对外，而当“敌人”消失后，内部关系就更加肆无忌惮地白热化。这样，在英国首相布莱尔看来，议员为了再次当选而刻意扩大自己选区的特权，讨好自己的选民①。如此，理论上的民意代表就变得为特殊利益而死缠烂打。人们都意识到这是“民主的危机”，但固化的利益结构决定了谁也不可能去改革结构性问题。

与农业时代不同的是，现代社会对政府职能的要求特别宽广，从国家安全到经济发展，再到社会福利，以及应对形形色色的“风险社会”，都需要政府高效而有力，但是变化了的时代和变化了的政治结构，都使得政府的治理能力远远跟不上，出现治理能力的危机即“民主的危机”。其实，早在《变化社会中的政治秩序》中，亨廷顿就指出，美国政体是“都铎式政体”，即属于前现代社会的，其中一个典型特征就是政治司法化②。在农业社会，一切事务的处理都按照约定俗成的习惯，所谓的“习惯法”，代表着不变。而在现代社会，变革随时可能发生，而推动、适应变革力量的则是政府。当一切按照司法至上原则行事时，事实上就剥夺了政府应对现

① Tony Blair. Is democracy dead: for true democracy, the right to vote is not enough. New York times, 2014-02-04.

② 亨廷顿．变化社会中的政治秩序．上海：上海人民出版社，2008.

代化的能力。这应该是“否决型政体”的根源，即形成于前现代社会的政治体制已经严重不适应现代社会的需求。就是这样的政体，居然被视为“历史的终结”。其实，早在 20 世纪 70 年代所著的《民主的危机》中，亨廷顿就指出，“在美国，民主力量给民主的统治能力制造了一个问题”[①]。

“强社会”中的弱政权。很多发展中国家就是按照代议制民主这个理想设计去建构自己的国家的，这些国家因此陷于永恒的因国家权力危机而必然导致的治理能力危机之中。

代议制民主遭遇到“强社会”时，政治权力危机以及由此而来的治理能力危机就是必然的。在“普力夺社会”，即各政党、利益团体、个人都人人为私的社会里，各力量参与政治之目的从来不是公共性，而是利用公权力来切割蛋糕。在这样的发展中国家，结果必然是“政治衰朽”而不是政治发展。亨廷顿的研究给流行的、乐观的发展主义当头棒喝。

在亨廷顿的国家主义理论基础上，米格代尔则全面、系统地考察了印度、埃及、塞拉利昂等发展中国家的国家—社会关系，发现政治权力处于“强社会”的网络中而被捆住了手脚，地主、贵族、军阀、资本家、部落酋长等“强社会”让国家寸步难行。结果作为一种回应，国家也不得不像“强社会”一样重用“生存政治”即事实上的丛林规则。在“强社会”或“普力夺社会”中，政治权力本身就是没有权威，又谈何国家治理？亨廷顿早就观察到，在未经现代化的前现代社会搞选举，选举民主只不过是强化了固有的社会结构。确实，在菲律宾、巴基斯坦这样的国家，选举强化了封建制或宗教势力。

---

① 克罗齐，亨廷顿，绵贯让治．民主的危机．北京：求实出版社，1989：101.

现代性政治意味着人民性或民主性，现代性政治是不容回避的。但对现代性政治的追求不能淡忘政治的传统性即政治权威，离开政治权力的传统性即基本秩序，人类就难以在现代性中存活，或者说失去传统性的现代性政治，有可能带给人类更多的危机。从西方的政治体制危机，到很多发展中国家的社会结构所形塑的政治权力危机，都是与现代性形影不离的治理能力危机。换句话说，当中国提出国家治理能力现代化时，并不是只有我们面临治理能力的挑战，需要提升治理能力的任务是世界性的。

三、决策—执行能力的危机

政治权力结构的危机必然包含着决策—执行能力的危机，或者说决策—执行能力的危机是国家治理能力的结果性过程。尽管如此，还是有必要专门讨论决策—执行能力与国家治理能力之间的关系，因为国家治理能力的危机不但是结构性的，还是能动性的，即“人”很重要。

（1）决策能力的危机。

首先，决策者的产生方式决定了其决策能力。目前，世界上产生领导人的办法主要有两种，一种是代议制民主中的竞争性选举，另一种是民主集中制下的选拔—选举制度。在竞争性选举中，一个流行的说法是，选举不一定会产生最有能力的领导人，但绝不会产生最差的领导人。这种说法并不准确。因为，在现实政治中，竞争性选举不但选举出太多的坏人，比如希特勒和陈水扁，也可能选举出无能之辈。为何竞争性选举总是产生平庸之辈，关键在于，选举政治就是“表演政治”，谁能说会道、能鼓舞人心，谁就能当选。同时，在民粹主义政治中，有道德污点的人是不会把自己亮于聚光灯下的，那些最有能力的人因而并不愿意参与竞选。

其次，即使是有能力的人当选，面对党争民主之类的政治结构，决策者也很难有所作为，“否决型政体”生动地证明了决策者的无能力感。历史制度主义的“否决点”理论以及大量相关的经验研究，给予了有力证明[①]。

（2）执行能力的危机。

即使拥有自主性的决策权威，比如一个强势领导人，也可能面对以官僚制为主体的执行系统的问题。在很多发展中国家，国家建设中的一项重要的制度短板就是缺少训练有素的、怀有职业精神的从中央到地方的公务员队伍。这样，发展中国家在转型之后，民主很发达，而行政很落后。民主是用来产生权力并分配利益的，比如立法，但立法完成之后需要人去执行。关键在于，发展中国家的官僚制晚于民主制，而民主选举进一步强化了既有的古老的社会结构，社会势力在选举中通过恩主庇护等“生存政治”而变得更强大，结果便是脆弱的执行机构面对的是强大的民意机构和社会势力的双重压力。这是结构性的执行能力危机。

执行能力危机的另一个重大来源是如何监管资本主义这一老问题。资本权力对发展中国家的政府威胁更大，在 20 世纪 90 年代，从南美到东亚再到东欧和俄罗斯，多国政府都败于国际资本。

资本市场游戏规则对包括中国在内的发展中国家构成了随时爆发的危机。学习资本市场的技能，不是靠主观意愿能得来的，需要专业化的队伍，而这支专业化队伍不仅要有长期的、一代又一代的专业训练，还需要具有自主性即不被“洗脑”的经济卓见。就此而言，时间很短、力量相对

---

① George Tsebelis. Veto players：how political institutions work. Russel Sage Foundation，2002.

较差、专业化程度不高的发展中国家的政府主管部门，随时面临着索罗斯、罗杰斯等这样的“金融大鳄”的洗劫——而且是合法的洗劫。

如果说发达国家的危机主要是来自结构性约束下的决策能力的危机，那么很多发展中国家的危机则是双重性的，既有结构性约束下的政府权威不足的危机，更有因国家建设的时序错位即民主建在官僚制之前而导致的公务员队伍能力的危机，而当这支专业训练不足的公务员队伍面对经验老到的国际资本力量的挑战时，作为政策执行部门的监管部门往往显得心有余而力不足。

第五节

结语：作为研究范式的国家治理能力理论

大国兴衰不但有保罗·肯尼迪所说的扩张过度所致[①]，苏联解体亦提供了一个全新的案例，那就是对政治学基本原理的认知出了问题而犯下颠覆性错误，苏联败于政治学常识性知识。因此，尽管代表着思维方式更新的新概念在花样翻新，但事关国家存亡的基本道理并不会因新概念的出现而消失。在人人谈“治理”的时代，第一重要的还是作为国家治理的统治

① 肯尼迪．大国的兴衰：1500—2000年的经济变革与军事冲突．北京：国际文化出版公司，2006.

权。这应该是政治家所关心的问题。

对于政治学学者尤其是比较政治（世界政治）学者而言，我们一直生活在由观念虚构起来的“时代主题”并推进这些“时代主题”的研究范式中。如果说美国人是把严肃的政治问题以精致的学术方式护卫，包括中国学者在内的非西方国家学者则真心地把美国式学术当成了严肃的学术，以美国人的思想范式去看待自己的政治问题，这无疑是“殖民化问题意识”，深受西方的“现代化”理论和民主化理论熏陶出来的中国政治学毋庸讳言这种现象。结果呢，无论是西方的“现代化”还是民主化，都不能有效地解决非西方发展中国家的发展问题，因为这些理论都不能提供非西方国家所需要的解决发展能力问题的方案。原因或许在于亨廷顿所说的：“美国人从未为创造一个政府而担忧。这一历史经验的差距特别使他们看不到在处于现代化之中的国家里奠定有效权威方面的问题”[①]。中国提出的“国家治理体系和治理能力现代化”所诱发的学术界的热切回应，不应该只停留在口号上，而需要建立起研究发展能力的理论。本章所提出的国家治理能力理论以及其系统性、分层性和非对称性等理论特征，既是学术分析概念也是政治实践问题，期盼能对理解发展能力有一定的助推作用。

和其他社会科学理论一样，本章所建构的国家治理能力理论也有一定的“地方知识”的味道，从中国历史文化—政治实践出发而建构理论，这是难以避免的，因为社会科学本来首先就是要回应或解决自己的问题。基于中国经验的“地方知识”能否像西方社会科学那样做到具有普遍性，不但是随着物质文明拓展而传播的结果，也有赖于学术共同体的形成和学界

① 亨廷顿．变化社会中的政治秩序．上海：上海人民出版社，2008：6.

的一致性努力。1965 年美国政治学会主席戴维·杜鲁门在就职演说中的呼唤值得中国学人深思：政治学应该像经济学一样使用共同的范式而滚滚向前，而不能再因学科内部的争论而内耗[①]。今天中国的政治学境况与当时美国的政治学有几分相像，当然我们也深知中国人达成学术共识的困难。

① David Truman. Disillusion and regeneration：the quest for a discipline. American political science review，1965，59（4）.

图书在版编目（CIP）数据

新征程中的国家治理现代化/杨光斌著．-- 北京：中国人民大学出版社，2023．5
（中国式现代化研究丛书/张东刚，刘伟总主编）
ISBN 978-7-300-31592-8

Ⅰ．①新… Ⅱ．①杨… Ⅲ．①国家-行政管理-现代化管理-研究-中国 Ⅳ．①D630．1

中国国家版本馆 CIP 数据核字（2023）第 073665 号

中国式现代化研究丛书
张东刚　刘　伟　总主编
新征程中的国家治理现代化
杨光斌　著
Xin Zhengcheng zhong de Guojia Zhili Xiandaihua

出版发行	中国人民大学出版社		
社　　址	北京中关村大街 31 号	**邮政编码**	100080
电　　话	010－62511242（总编室）		010－62511770（质管部）
	010－82501766（邮购部）		010－62514148（门市部）
	010－62515195（发行公司）		010－62515275（盗版举报）
网　　址	http://www.crup.com.cn		
经　　销	新华书店		
印　　刷	涿州市星河印刷有限公司		
开　　本	720 mm×1000 mm　1/16	**版　　次**	2023 年 5 月第 1 版
印　　张	11.75 插页 2	**印　　次**	2023 年 5 月第 1 次印刷
字　　数	132 000	**定　　价**	49.00 元